키워드 톡톡 시리즈 4

# 발명·발견
## 꼬리잡기 101

키워드 톡톡 시리즈 4

# 발명·발견 꼬리잡기 101

글 한태현
그림 송영훈

북멘토

# 101개의 키워드로
# 놀라운 발명·발견의 세계로 떠나요!

발명은 이제까지 없던 기술이나 물건을 새로 생각하여 만들어 내는 것을 말해요. 텔레비전, 컴퓨터, 냉장고 같은 가전제품도 발명품이고, 연필, 지우개, 볼펜도 발명품이지요. 발견은 미처 찾아내지 못했거나 아직 알려지지 않은 사물이나 현상, 사실을 찾아내는 것을 말해요.

그렇다면 발명과 발견은 어떻게 할 수 있을까요? 1천여 개의 발명품을 만들어서 '발명왕'이라 불리는 에디슨은 이렇게 말했어요.

"나의 발명은 한 가지 일에 무수한 경험을 쌓아 올린 결과이다."

세상을 바꾸어 놓은 발명과 발견은 수없이 많은 실패를 딛고 이루어졌어요. 277번째 실험에서 태어난 복제 양 돌리, 열한 번째 쏘아 올린 우주선 아폴로의 달 착륙, 1만 번의 시도 끝에 발명된 페트병 등이 그 예랍니다. 하지만 실패와 노력만 강조한다면 발명·발견은 힘들고 어렵기만 한 일이 되고 말 거예요. 그런데 그렇지 않아요. 발명·발견은 우리 일상생활과 아주 깊이 관련되어 있어 굉장히 재미있답니다. 가령, 주전자 뚜껑의 구멍만 해도 아주 작은 발상의 전환으로 기가 막힌 발명이 이루어진 것이지요.

　이 책은 위대한 발명과 과학적으로 놀라운 발견을 한 사람들을 101가지 이야기에 담아 소개하고 있어요. 발명·발견이 어떻게 시작되었는지, 그 과정에서 어떤 과학적 지식을 활용했는지도 알려 주지요. 그래서 책을 읽다 보면 초등학교 과학 교과서에 나오는 지식이나 과학자들을 종종 만나게 될 거예요.

　이 책에 실린 101개의 발명·발견 키워드는 우리 생활이나 과학사에 큰 변화를 가져다준 것들을 선별했어요. 먼저, 각각의 발명·발견 키워드를 우리 친구들이 이해할 수 있는 쉬운 말로 설명하거나 사용 예시를 보여 주고, 꼬리에 꼬리를 무는 질문과 답변을 통해 과학 개념과 법칙을 알려 주었어요. 또 #(해시태그)에는 키워드를 모두 이해한 뒤 우리 친구들이 SNS에 올릴 법한 생각을 재미있게 써 보았어요. 마지막으로 각각의 발명·발견이 이루어지게 된 과정을 그와 관련된 인물 이야기로 풀어 익살스러운 그림과 함께 실었어요.

　이 책을 다 읽고 나면 어렵다고 생각했던 발명과 발견이 친숙하게 느껴질 거예요. 어쩌면 여러분 중에서 에디슨이나 뉴턴보다 더 뛰어난 발명가가 나올지도 몰라요. 마지막으로, 이 책이 여러분의 과학적 호기심과 상상력을 자극해 보다 깊고 넓은 과학의 세계로 이끌어 주기를 바랍니다.

*한테현*

 차례

머리말 … 4

PART 1
3학년 교과 연계

1 **침팬지 연구** `발견` … 12
제인 구달 | 침팬지가 도구를 사용한다고?

2 **나일론** `발명` … 14
캐러더스 | 부끄럼쟁이 화학자가 만든 합성 섬유

3 **고어텍스** `발명` … 16
윌버트 고어 | 고어가 만들어서 고어텍스

4 **라듐** `발견` … 18
마리 퀴리 | 노벨상을 두 번 받은 과학자

5 **복제 양** `발명` … 20
이언 윌머트 | 체세포로 복제한 최초의 포유동물 돌리

6 **비행기** `발명` … 22
라이트 형제 | 최초로 비행기를 타고 하늘을 날다

7 **질량 보존의 법칙** `발견` … 24
라부아지에 | 다이아몬드를 태워서 얻은 것

8 **금속 활자** `발명` … 26
『직지심체요절』 | 금속 활자로 찍은 제일 오래된 책

9 **아폴로 계획** `발견` … 28
닐 암스트롱 | 달에 남긴 발자국

10 **리커트 척도** `발명` … 30
렌시스 리커트 | '전혀 아니다'에서 '매우 그렇다'까지

11 **조립 라인 생산 방식** `발명` … 32
헨리 포드 | 부자가 아니어도 탈 수 있는 자동차

12 **전신 수영복** `발명` … 34
스피도 | 신기록을 많이 세워서 금지된 수영복

13 **포스트잇** `발명` … 36
아서 프라이 | 쓸모없는 발명품을 성공적인 발명품으로

14 **주전자 뚜껑 구멍** `발명` … 38
후쿠이에 | 구멍 하나 뚫었을 뿐인데…

**PART 2 4학년 교과 연계**

15 **레고** `발명` ··· 40
크리스티얀센 | 화재에도 포기하지 않고 만든 장난감

16 **공룡** `발견` ··· 42
맨텔·오언 | 무시무시한 도마뱀

17 **방사능 연대 측정법** `발견` ··· 44
윌러드 리비 | 미라의 나이를 알 수 있을까?

18 **파종기** `발명` ··· 46
제스로 툴 | 씨를 골고루 잘 뿌릴 수 없을까?

19 **훅의 법칙** `발견` ··· 48
로버트 훅 | 실험과 관찰의 천재 로버트 훅

20 **셀로판테이프** `발명` ··· 50
리처드 드류 | 스카치테이프? 셀로판테이프!

21 **크레용** `발명` ··· 52
비니·스미스 | 그림을 그리는 장난감

22 **초코칩 쿠키** `발명` ··· 54
루스 웨이크필드 | 가장 맛있는 혼합물의 발명

23 **하이브리드 옥수수** `발명` ··· 56
김순권 | 아프리카를 도운 옥수수 박사

24 **찍찍이 테이프** `발명` ··· 58
조르주 드 메스트랄 | 자연에서 찾은 발명품

25 **방수 옷** `발명` ··· 60
카이스트 창의연구단 | 연잎에서 배운 새로운 기술

26 **페트병** `발명` ··· 62
너세니얼 와이어스 | 이 병이라면 폭발하지 않아

27 **정수 시설** `발명` ··· 64
로버트 톰 | 깨끗한 물을 선물한 톰 호수

28 **인공 눈** `발명` ··· 66
빙핵 활성 세균 | 세균으로 눈을 만든다고?

29 **핸드 드라이어** `발명` ··· 68
조지 클레멘스 | 손수건 대신 핸드 드라이어

30 **다리미** `발명` ··· 70
헨리 실리 | 전기 다리미로 주름을 쫙쫙!

31 **가습기** `발명` ··· 72
특허 | 천차만별 가습기

32 **손전등** `발명` ··· 74
데이비드 미셸 | 밤길에는 손전등이 필요해

33 **광양자설** `발견` ··· 76
아인슈타인 | 노벨상을 수상한 광양자설

**34 디지털카메라** 발명 ··· 78
스티브 새슨 | 세계 최초로 디지털카메라를 발명했지만…

**35 지진계** 발명 ··· 80
존 밀른 | 땅의 진동을 기록하다

**36 리히터 규모** 발명 ··· 82
찰스 리히터 | 정확한 지진의 규모를 알고 싶어

**37 석굴암** 발명 ··· 84
김대성 | 전생의 부모님을 위해 지은 절

**38 레인코트** 발명 ··· 86
토머스 버버리 | 가볍고 편한 비옷으로 수출상까지!

---

### PART 3 — 5학년 교과 연계

**39 스마트폰** 발명 ··· 88
스티브 잡스 | 청바지를 입고 아이폰을 소개하다

**40 보온병** 발명 ··· 90
제임스 듀어 | 뜨거운 음식이 식지 않는 병

**41 알루미늄박** 발명 ··· 92
찰스 마틴 홀 | 은보다 비싼 알루미늄을 값싸게

**42 냉동 식품** 발명 ··· 94
클래런스 버즈아이 | 고기를 얼렸더니 상하지 않아

**43 온도계** 발명 ··· 96
파렌하이트 | 정확한 온도를 재 볼까?

**44 전자 온도계** 발명 ··· 98
서미스터 | 온도에 무척 민감한 서미스터

**45 망원경** 발명 ··· 100
리퍼세이 · 갈릴레이 · 뉴턴 | 너도나도 망원경 경쟁

**46 인공위성** 발명 ··· 102
세르게이 코롤료프 | 우주에서 보내온 신호를 받다

**47 합성염료** 발명 ··· 104
퍼킨 | 인공 염료로 옷을 물들이다

**48 티백** 발명 ··· 106
토머스 설리번 | 간편하게 차를 우려 마시는 방법

**49 손 소독제** 발명 ··· 108
고조 인더스트리 | 세균투성이 손을 깨끗하게!

**50 각설탕 포장지** 발명 ··· 110
존 | 작은 바늘구멍 몇 개만 뚫으면 돼

51 **세탁기** `발명` … 112
앨버 피셔 | 집안일하는 시간을 확 줄여 줍니다

52 **김치** `발명` … 114
김치 | 겨울에도 야채를 먹을 수 있어

53 **푸른곰팡이** `발견` … 116
플레밍 | 푸른곰팡이에서 얻은 페니실린

54 **린네의 분류법** `발명` … 118
린네 | 감히 인간을 동물로 분류해?

55 **예방 접종** `발명` … 120
파스퇴르 | 전염병을 예방하는 주사

56 **캔** `발명` … 122
피터 듀란드 | 병조림부터 레토르트 식품까지

57 **피뢰침** `발명` … 124
프랭클린 | 목숨을 건 번개 실험

58 **일기 예보** `발명` … 126
위르뱅 르베리에 | 내일의 날씨를 예측할 수 있을까?

59 **생활 기상 지수** `발명` … 128
클래런스 크레인 | 이 사탕은 여름에도 녹지 않아요

60 **레이더** `발명` … 130
로버트 왓슨와트 | 레이더로 기상 정보를 감지하다

61 **측우기** `발명` … 132
세종 | 비가 내린 양을 측정해서 보고하라

62 **종이 상자** `발명` … 134
말콤 손힐 | 가벼운 종이 상자로 포장하세요

63 **플라스틱 셔틀콕** `발명` … 136
윌슨 칼튼 | 동물을 보호할 수 있는 셔틀콕

64 **방적기** `발명` … 138
아크라이트 | 빠른 속도로 실을 생산하는 방적기

65 **증기 기관** `발명` … 140
제임스 와트 | 증기 기관에 관한 최초의 특허를 받다

66 **블랙박스** `발명` … 142
데이비드 워런 | 비행기 사고의 원인을 알려 주는 상자

67 **내비게이션** `발명` … 144
혼다 · 이택 | GPS 위성과 내비게이션

68 **에스컬레이터** `발명` … 146
리노 · 휠러 | 신기하고 무서운 계단

69 **에어백** `발명` … 148
존 헤트릭 | 생명을 구하는 공기주머니

70 **제산제** 발명 … 150
　찰스 필립스 | 6천 년 전부터 먹던 약

71 **토마토케첩** 발명 … 152
　헨리 하인즈 | 맛있는 토마토케첩의 발명

**PART 4**
**6학년 교과 연계**

72 **날개 없는 선풍기** 발명 … 154
　제임스 다이슨 | 거꾸로 생각하면 또 다른 아이디어가

73 **지구의** 발명 … 156
　마르틴 베하임 | 정확한 지도를 위해 만든 지구의

74 **자오선** 발명 … 158
　샌드퍼드 플레밍 | 서로 다른 시간을 통일시키다

75 **고무 타이어** 발명 … 160
　존 보이드 던롭 | 안전한 고무 타이어의 탄생

76 **콜라** 발명 … 162
　존 펨버턴 | 전 세계에서 사랑받는 탄산음료

77 **티슈** 발명 … 164
　크리넥스 | 주머니에 감기를 넣고 다니지 마세요

78 **가황 고무** 발명 … 166
　찰스 굿이어 | 난로에 떨어뜨린 고무가 발명품으로

79 **현미경** 발명 … 168
　레이우엔훅 | 눈으로 볼 수 없는 미생물을 보다

80 **콘택트렌즈** 발명 … 170
　픽·칼트 | 안경을 눈에 넣는다고요?

81 **광섬유** 발견 … 172
　틴들 | 빛을 유리 섬유에 가두어 빠르게 전달한다

82 **X선** 발견 … 174
　뢴트겐 | 몸속 뼈 사진을 찍는 X선

83 **전구** 발명 … 176
　에디슨·스완 | 값싸고 오래가는 전구를 상품으로

84 **전기 회로 장난감** 발명 … 178
　마부치 | 더 오래 움직이면 훨씬 더 재밌어

85 **트랜지스터** 발명 … 180
　쇼클리·바딘·브래튼 | 손가락보다 작은 혁신적인 발명품

86 **주파수** 발견 … 182
　하인리히 헤르츠 | TV를 볼 수 있게 해 준 헤르츠의 발견

**87 무선 충전기** `발명` … 184
세계무선전력위원회 | 선 없이 휴대폰 충전하세요

**88 전신기** `발명` … 186
새뮤얼 모스 | 화가가 만든 통신 기계

**89 리모컨** `발명` … 188
유진 폴리 | 카우치 포테이토의 아버지가 된 발명가

**90 점화 플러그** `발명` … 190
고틀로프 호놀드 | 모든 자동차에 꼭 필요한 장치

**91 반도체 기억 장치** `발명` … 192
강대원 | 갑자기 꺼져도 괜찮아

**92 한옥의 처마** `발명` … 194
우리의 조상님 | 여름엔 시원하게, 겨울엔 따뜻하게

**93 에어컨** `발명` … 196
윌리엄 캐리어 | 덥고 습한 공기를 시원하게

**94 다이너마이트** `발명` … 198
알프레드 노벨 | 유용한 발명품이 전쟁 무기가 되다니

**95 흑연 연필** `발명` … 200
니콜라 자크 콩테 | 부드럽지만 단단한 연필

**96 휴대용 소화기** `발명` … 202
조지 맨비 | 소화기, 들고 다니면서 불 끄세요

**97 포수 글러브와 마스크** `발명` … 204
티그니 · 타이어 | 포수를 지켜라

**98 청진기** `발명` … 206
르네 라에네크 | 장난감을 보고 발명한 청진기

**99 ABO식 혈액형** `발견` … 208
란트슈타이너 | 같은 혈액형끼리 수혈하면 안전해요

**100 유아용 파우더** `발명` … 210
게르하르트 메넨 | 고객의 이야기에 귀를 기울이다

**101 3D 애니메이션** `발명` … 212
픽사 | 컴퓨터로 만든 애니메이션

**부록** 발명 · 발견 키워드 찾아보기 … 214

탐구 > 3-1 1. 과학자는 어떻게 탐구할까요?

# keyword 1    침팬지 연구

제인 구달의 침팬지 연구로 동물도 인간처럼 감정이 있으며, 도구를 사용할 수 있다는 사실을 발견하였다.

 제인 구달은 침팬지의 무엇을 연구했나요?

침팬지의 행동을 오랫동안 관찰하고 기록하며 연구했어. 예를 들어 침팬지가 빈 깡통을 두드리는 행동을 관찰하여 깡통 두드린 이유를 찾았지.

침팬지가 왜 깡통을 두드렸는데요?

신기하게도 침팬지가 깡통을 두드리자 다른 침팬지가 겁을 먹은 것처럼 도망쳤어. 그러니까 다른 침팬지에게 겁을 주기 위해 깡통을 두드린 것이지.

 #공통 조상에서 갈라져 나왔다더니 #도구도 사용하는 침팬지

 제인 구달

## 침팬지가 도구를 사용한다고?

"침팬지를 연구하면 인간의 오래전 모습을 알 수 있을 것 같아."

영국의 동물학자 제인 구달은 젊은 시절 아프리카를 여행하던 도중 침팬지를 연구하기로 결심했어. 그 뒤 탄자니아에서 40년이 넘도록 침팬지를 연구했지. 사람들은 젊은 여성이 혼자 밀림에서 지내는 것을 좋지 않게 생각했어. 큰 성과를 낼 거라고 기대하지도 않았지. 하지만 제인 구달은 침팬지들이 자기에게 익숙해지도록 인내심을 가지고 기다렸어.

그러던 어느 날 침팬지가 나뭇가지를 구멍에 쑤셔 넣어 개미를 잡아먹는 모습을 목격했어. 제인 구달의 침팬지 연구는 인간만이 도구를 사용한다는 학설을 뒤집어 놓았지. 제인 구달은 그 뒤에도 침팬지에 대한 많은 사실을 발견했고, 동물보호 운동에도 힘썼단다.

물질 〉 3-1 2. 물질의 성질

### keyword 2 : 나일론

> 배드민턴 라켓은 나일론으로 만들었기 때문에 튼튼하고 신축성이 있다.

 **나일론이 뭐예요?**

나일론은 우리가 일상생활에서 많이 쓰는 섬유의 하나야. 가볍고 질기며 신축성이 있어서 스타킹이나 양말로 많이 만들지. 신축성이란 잘 늘어나고 다시 원래대로 잘 돌아오는 성질을 말해.

 **나일론은 어떻게 만들어요?**

보통 섬유는 식물이나 동물에게서 얻는 재료로 만들어. 면, 마, 모직 같은 것이 그렇지. 하지만 나일론은 석탄을 원료로 해서 여러 가지 물질을 섞어서 만들어. 이처럼 석유, 석탄, 천연가스 등을 원료로 하여 화학적으로 여러 물질을 합쳐서 만드는 섬유를 합성 섬유라고 해.

 #쭉쭉 늘어나는 스타킹 #나이롱이 아니고 나일론

캐러더스

# 부끄럼쟁이 화학자가 만든 합성 섬유

미국의 화학자인 월리스 흄 캐러더스는 남 앞에 나서기를 부끄러워하는 사람이었어. 세계적인 화학 회사인 듀폰에서는 회사에서 일할 재능 있는 과학자들을 찾고 있었는데, 당시 하버드 대학의 교수로 있던 캐러더스도 그중 한 사람이었어.

"저는 제 연구를 하며 학생들을 가르치는 것이 더 좋습니다."

"박사님 같은 인재가 꼭 필요합니다. 제발 다시 생각해 주세요."

듀폰의 끈질긴 설득으로 캐러더스는 듀폰의 연구실에서 일하게 되었어. 그리하여 1929년 알코올과 산을 결합해 폴리에스테르를 발명했고, 1935년에는 마침내 나일론을 발명했지. 당시에는 합성 섬유가 없었기 때문에 나일론의 발명은 엄청난 혁신이었어. 듀폰은 나일론으로 여러 상품을 만들어 크게 히트를 쳤단다.

물질 〉 3-1 2. 물질의 성질

### keyword 3 고어텍스

산악인들의 옷이 땀에 젖지 않는 비결은 옷의 소재인 고어텍스에 있다.

 고어텍스가 뭐예요?

고어텍스는 물을 통과시키지 않는 방수성과, 습기를 통과시키는 투습성이라는 서로 다른 특성을 동시에 지닌 아주 얇은 막이야.

방수성과 투습성을 어떻게 동시에 가지고 있어요?

고어텍스를 자세히 살펴보면 무수히 많은 구멍들이 있어. 이 구멍의 크기는 액체인 물방울 입자의 2만분의 1밖에 안 되지만, 기체인 수증기 입자보다는 700배나 커. 그래서 물은 들어오지 못하고 수증기는 내보낼 수 있는 거야.

 #우리 아빠 등산복도 고어텍스 #방수복이었어?

## 고어가 만들어서 고어텍스

미국 듀폰 회사의 연구원이었던 월버트 고어는 1969년 직물을 불로 가열하는 실험을 했어. 이때 직물에 아주 작은 구멍들이 생겼지.
'이 구멍은 물은 통과하지 못하고 기체인 수증기는 통과할 수 있네. 이걸로 옷을 만들면 몸의 열은 내보내고 주변의 바람과 비는 막을 수 있겠어.'
고어는 이 원단에 '고어텍스'라고 이름 붙여 특허를 신청했어.
고어텍스는 방수성과 투습성을 동시에 지닌 최초의 소재야. 그래서 등산복을 만들 때 많이 사용해. 땀이나 비에는 젖지 않지만 몸에서 나온 열기는 밖으로 내보내 주거든. 지금은 우주복의 소재로도 개발되고 있어.

물질 > 3-1 2. 물질의 성질

## keyword 4 : 라듐

12월 26일은 퀴리가 라듐을 발견한 날이다. 라듐의 발견으로 과학자들은 방사선에 대하여 연구하기 시작했다.

 **라듐이 뭔가요?**

라듐은 방사능을 가진 은빛의 금속 물질이야. 불안정한 원소이기 때문에 방사선이 나오지. 방사선은 방사능을 가진 원소가 붕괴될 때 나오는 입자들의 흐름이야.

**방사선은 위험한 것인가요?**

방사선은 강력한 에너지가 있기 때문에 우리 몸의 세포를 죽이고 암을 발생시키기도 해. 라듐을 발견한 퀴리도 백혈병으로 세상을 떠났어. 하지만 반대로 암세포를 죽이는 방사선 치료, 금속 재료의 내부 검사, 농작물의 품종 개량, 문화재 복원 등에 유용하게 쓰이고 있어.

 #라듐은 방사능 물질 #퀴리가 백혈병으로 죽었다니

 마리 퀴리

# 노벨상을 두 번 받은 과학자

마리 퀴리는 폴란드에서 태어났어. 폴란드의 대학에서 여학생을 받아 주지 않자 프랑스로 가서 물리학 박사가 되었지. 퀴리는 프랑스인 피에르 퀴리와 결혼해 함께 연구를 했어. 특히 우라늄 광석이 어둠 속에서 스스로 빛을 내는 현상에 흥미를 느꼈어. 그러다 우라늄보다 훨씬 강한 빛을 내는 다른 물질을 발견했어. 조국 폴란드의 이름을 따서 폴로늄이라고 이름 지었지.

이런 빛을 내는 능력을 방사능이라고 하는데 '방사능'이라는 용어를 처음 사용한 것도 퀴리야. 이들 부부는 이후 폴로늄보다 1만 5천 배나 강한 라듐도 발견했어. 덕분에 1903년 부부가 함께 노벨 물리학상을 받았지. 남편이 죽은 뒤에도 퀴리는 연구를 이어 갔어. 1911년에는 단독으로 노벨 화학상을 받아서 최초로 노벨상을 두 번 받은 인물이 되었단다.

생명 > 3-1 3. 동물의 한살이

## keyword 5 복제 양

과학자들은 복제 양 돌리의 탄생 이후 여러 포유동물을 복제하기 위해 애썼고, 원숭이와 고양이 복제에 성공하였다.

**복제 양이 뭔가요?**

'복제'는 본디의 것과 똑같이 만드는 것을 말해. 복제 양은 다 자란 양의 체세포를 이용해 인공적으로 태어나게 한 양이야. 어미와 새끼는 서로 닮기는 해도 완전히 똑같지는 않지만, 복제 양은 체세포를 가지고 온 양과 똑같아. 돌리는 체세포 복제로 만들어진 세계 최초의 포유동물이야.

**사람도 복제할 수 있나요?**

현재 전 세계에서는 생명 윤리 문제로 인간의 복제 연구는 반대하고 있어. 그래서 사람은 복제하지 않아.

 #복제 양 돌리는 엄마랑 똑같대 #아빠는 없는 거지?

# 체세포로 복제한 최초의 포유동물 돌리

영국의 이언 월머트 박사는 로슬린 연구소에서 가축들에 대해 연구하고 있었어. 월머트는 다 자란 동물도 복제할 수 있지 않을까 생각했어. 그때까지 수정란을 나누어 복제하는 방법으로 쥐, 양, 토끼 등을 복제한 경우는 있었지만 다 자란 동물의 체세포를 이용한 복제는 이루어지지 않았거든. 월머트는 양의 난자와 다른 양의 세포를 가지고 실험을 했지만 매번 실패했어. 1996년 277번째 실험에서 드디어 복제 양 돌리가 태어났어. 돌리는 어미 양과 생김새, 울음소리, 몸을 구성하는 요소까지 완전히 똑같았어.

하지만 돌리는 세 살이 되면서 각종 질병에 시달렸어. 결국 2003년 안락사로 세상을 떠났지. 돌리의 탄생으로 생명 공학 기술은 눈에 띄게 발전했지만 인간이 생명을 만들어 내는 것에 대해 걱정하는 목소리도 커졌단다.

생명 > 3-1 3. 동물의 한살이

### keyword 6

# 비행기

발명

사람들은 하늘을 나는 새를 보며 오랫동안 날기 위해 연구했고, 마침내 비행기를 발명했다.

**비행기는 어떻게 발명되었나요?**

하늘을 나는 도구를 만들려는 시도는 많이 있었어. 레오나르도 다빈치가 새의 날개와 비슷한 기구를 설계했지만 실제로 날 수는 없었지. 그 뒤에 라이트 형제가 글라이더에 엔진과 프로펠러를 달고 진짜로 하늘을 날았단다.

**새는 어떻게 하늘을 날 수 있어요?**

새는 매우 발달한 가슴 근육으로 힘찬 날갯짓을 해서 생긴 추진력으로 하늘을 날아. 날개에 있는 관절을 접거나 펴서 공기의 흐름을 조절해 위아래로 움직이지. 뼈가 얇거나 속이 비어 있어 매우 가볍기 때문에 나는 데에 유리하단다.

#새를 보고 만든 비행기 #그럼 잠수함은 물고기 보고 만들었나?

## 최초로 비행기를 타고 하늘을 날다

비행기를 발명한 라이트 형제의 이름은 윌버 라이트와 오빌 라이트야. 윌버가 형이고 오빌이 동생이지. 두 사람은 어릴 때부터 하늘을 나는 장난감이나 연 날리기를 좋아했어. 둘은 함께 자전거 회사를 세웠지.

어느 날 두 사람은 세계 최초로 글라이더로 하늘을 난 오토 릴리엔탈이 사망했다는 소식을 들었어.

"바람에만 의지하지 않고 동력으로 날 수 있는 글라이더를 만들어 보자."

"그래, 글라이더를 직접 타려면 조종술도 배워야겠어."

1903년 라이트 형제는 엔진 하나와 프로펠러 두 개가 달린 비행기를 만들었어. 이 비행기로 12초 동안 하늘을 날았지. 그 뒤에도 계속해서 비행기를 개선해 더 긴 비행을 하게 되었단다.

물질 〉 3-1 4. 물질의 상태

## keyword 7 | 질량 보존의 법칙

질량 보존의 법칙에 따르면 물은 얼음이 되거나 수증기로 변하더라도 질량은 변하지 않는다.

**질량 보존의 법칙이 뭐예요?**

물질이 화학 반응이 일어나거나 상태 변화가 있어도 질량은 변하지 않는다는 법칙이야. '화학의 아버지'로 불리는 라부아지에가 발견한 중요한 법칙이지.

**라부아지에를 왜 화학의 아버지라고 하나요?**

라부아지에 이전의 과학자들은 실험을 할 때 대충 눈짐작으로 양을 쟀어. 반면 라부아지에는 정확한 양의 측정과 객관적인 실험 결과를 중요하게 여겼고, 이후의 화학자들에게 큰 영향을 끼쳤지. 라부아지에가 화학을 과학으로 만들었기 때문에 '아버지'라고 부르는 거야.

 #라부아지에는 화학의 아버지 #내 꿈은 게임의 아버지

## 다이아몬드를 태워서 얻은 것

라부아지에는 부인과 사이가 좋았어. 둘은 든든한 실험실 동료였지. 특히 부인은 라부아지에의 실험 내용을 그림으로 그려 가며 정확히 기록해서 오늘날 우리가 라부아지에의 실험에 대해 잘 알 수가 있단다.

라부아지에는 다이아몬드나 수은 등 여러 물질을 유리병에 넣고 태우는 연소 실험을 많이 했어. 그러다 흥미로운 사실을 알아냈지.

"다이아몬드를 태우기 전과 후의 질량이 변하지 않아요."

"맞아요. 그리고 숯을 태운 것과 똑같은 물질이 나왔어요."

이런 실험으로 라부아지에는 질량 보존의 법칙을 발견했어. 또 다이아몬드가 탄소로 이루어졌다는 것도 알아냈지. 그뿐만이 아니야. 산소가 없으면 생물체가 살아갈 수 없다는 사실을 실험으로 증명했어. 산소라고 이름을 지은 것도 라부아지에란다.

물질 > 3-1 4. 물질의 상태

## keyword 8 금속 활자

우리나라는 고려 시대에 세계 최초로 금속 활자를 이용한 활판 인쇄술을 개발했다.

**금속 활자가 뭐예요?**

금속 활자는 작은 도장과 비슷해. 낱글자 하나하나를 볼록하게 새긴 것이 금속 활자거든. 구리나 주석, 납 같은 금속을 아주 높은 열로 녹여 글자를 새긴 틀에 부은 다음 다시 굳혀서 만들지. 주석은 230℃, 납은 330℃, 구리는 1,100℃에서 녹는단다.

**활판 인쇄술은 뭔가요?**

금속 활자들을 하나하나 인쇄용 판에 놓아서 원하는 책의 내용을 만든 다음 찍어 내는 것을 활판 인쇄술이라고 해.

#글자를 하나씩 맞추어 찍는 활판 인쇄 #낱말 퍼즐 같겠다

## 금속 활자로 찍은 제일 오래된 책

인쇄술이 발명되기 전에는 책을 직접 베껴 썼어. 그러다 나무판에 그림이나 글자를 새겨서 인쇄하기 시작했지. 그런데 목판은 비용과 시간이 많이 들고, 하나의 목판으로 한 가지 책밖에 인쇄할 수 없었어.

"글자를 하나씩 따로 만들어 조합해서 인쇄하면 어떨까?"

이런 생각으로 금속 활자가 발명되었어. 네모기둥 모양의 금속 윗면에 글자를 볼록 튀어나오게 만든 다음 이것들을 조합해서 인쇄했지. 금속이라 튼튼하고, 조합할 수 있기 때문에 얼마든지 다른 책을 만들 수 있었어.

1377년 고려 공민왕 때 흥덕사라는 절에서 금속 활자로 책을 찍어 냈어. 바로 『직지심체요절』이야. 금속 활자로 인쇄한 책 가운데 지금까지 남아 있는 가장 오래된 책이지.

지구와 우주 〉 3-1 5. 지구의 모습

### keyword 9 — 아폴로 계획

아폴로 계획은 인간이 달에 가고자 한 계획으로 40만 명이 넘는 인원이 참여했다. 이러한 노력으로 아폴로 11호가 달에 착륙했다.

**1. 아폴로 계획이 뭐예요?**

미국 항공 우주국인 나사(NASA)에서 인간을 달에 착륙시켰다가 다시 지구로 돌아오게 하는 것을 목표로 실행한 계획이야. 이 계획을 실행하는 과정에서 여러 가지 유용한 발명품이 나왔단다.

**2. 아폴로 계획에서 어떤 발명품이 나왔어요?**

사람이 우주에서 숨을 쉴 수 있도록 산소마스크를 발명했어. 이 산소마스크는 지금도 소방관들이 사용하고 있어. 우주에서 버틸 수 있는 우주복도 개발했는데, 이 기술 역시 소방관의 옷을 만드는 데에 적용되었어.

#나도 달에 가고 싶은데 #달나라행 티켓은 언제 나오나

## 달에 남긴 발자국

"카운트 다운 10, 9, 8, 7, 6, 5, 4, 3, 2, 1, 발사!"
1969년 미국의 나사는 열한 번째 아폴로 우주선을 발사했어. 발사장 부근에 모인 100만 관중과 전 세계에서 지켜보는 수억 명의 시청자들이 우주 비행사 세 명을 태운 아폴로 11호의 성공을 기원했지.
"휴스턴, 여기는 고요의 바다. 독수리는 착륙했다."
우주 비행사 닐 암스트롱이 우주센터에 착륙을 알려 왔어.
"한 인간에게는 작은 발걸음이지만 인류에게는 거대한 도약이다."
닐 암스트롱은 달에 첫발을 내딛으며 이렇게 말했어. 아폴로 11호의 달 착륙은 항공우주 분야의 최고의 발견 중 하나로 꼽히지.

탐구 〉 3-2 1. 재미있는 나의 탐구

## keyword 10 리커트 척도

학교에서 리커트 척도를 이용하여 급식 만족도 조사를 실시하였다.

리커트 척도가 뭐예요?

사람의 감정이나 생각, 태도처럼 정확히 측정하기 어려운 것을 점수로 만들어서 측정하는 과학적인 방법이야. 많은 질문에 대답하게 해서 그 결과를 점수로 나타내 측정하지.

리커트 척도로 어떻게 측정하나요?

예를 들어 '오늘 급식 메뉴에 만족하나요?'라는 질문을 하고 다섯 가지 답변 중 하나를 선택하게 해. '1. 매우 불만족 2. 불만족 3. 보통 4. 만족 5. 매우 만족'. 선택한 답변에 붙은 번호가 곧 점수야. 번호를 점수로 계산해서 개인의 태도를 보는 것이지.

 #내가 치킨을 얼마나 좋아하냐고? #5번 매우 좋아한다

## '전혀 아니다'에서 '매우 그렇다'까지

미국의 교육학자 렌시스 리커트는 한때 철도 회사에서 일했어. 어느 날 리커트는 직원과 회사 측이 의사소통이 잘되지 않아 다투는 것을 보았어.

"힘든 일도 하겠다더니 이제 와서 못 한다면 어떡해요?"

"이 정도로 힘든 일인 줄 몰랐어요."

리커트는 '힘든 일'을 서로 다르게 이해했기 때문이라고 생각했어. 그래서 사람의 태도를 1에서 5까지 숫자로 표시하는 리커트 척도를 발명했지. 점수가 낮을수록 질문 내용에 대해 반대하는 태도를 의미하고, 높을수록 긍정하거나 동의하는 것을 의미해. 리커트 척도는 설문 조사나 심리 검사 등에서 널리 사용되고 있단다.

탐구 > 3-2 1. 재미있는 나의 탐구

## keyword 11 조립 라인 생산 방식  발명

조립 라인 생산 방식의 도입으로 자동차를 대량으로 생산할 수 있게 되었다.

**조립 라인 생산 방식이 뭔가요?**

상품 만드는 작업을 몇 단계로 나누어 컨베이어를 이용해 순서대로 하는 거야. 자동으로 물건을 이동시켜 주는 컨베이어에 재료를 올려 두고 사람들은 각자의 자리에서 정해진 작업만 하는 거지. 컨베이어가 계속해서 움직이기 때문에 한 자리에서 같은 작업만 하는 게 가능해.

**그게 대량 생산과 무슨 상관이 있나요?**

예를 들어 자동차의 부품을 조립한다면, 컨베이어를 타고 이동하는 몸체에 작업자들이 각자 맡은 부품을 끼워 넣으면 돼. 복잡한 작업을 여러 개의 단순 작업으로 만들기 때문에 똑같은 시간을 일해도 더 많은 양을 생산할 수 있단다.

 #자동으로 움직이는 컨베이어 #무빙워크랑 비슷한 거네

 헨리 포드

# 부자가 아니어도 탈 수 있는 자동차

미국의 사업가 헨리 포드가 자동차 회사를 세웠을 당시 자동차는 아주 비싼 물건이었어. 포드는 대중을 위해 값싼 자동차를 만들겠다면서 이런 광고를 냈어.

"똑같은 모양, 똑같은 성능, 똑같은 색깔의 자동차!"

경쟁 회사들은 어떤 사람이 남들과 똑같은 자동차를 사겠느냐며 비웃었어. 포드는 아랑곳하지 않고 1913년 조립 라인 생산 방식을 도입해 자동차를 대량 생산하기 시작했어. 덕분에 자동차 가격을 내릴 수 있었지. 포드의 자동차는 불티나게 팔렸어. 포드 자동차는 처음에 사람들의 비웃음을 받으며 등장했지만 그 후 세계에서 가장 큰 자동차 회사가 되었단다.

생명 > 3-2 2. 동물의 생활

### keyword 12 — 전신 수영복  발명

전신 수영복은 동물의 모습을 보고 발명한 것으로, 성능이 너무 좋아서 수영 대회의 규칙을 바꾸게 만들었다.

 **전신 수영복이 뭐예요?**

온몸을 감싸는 수영복이야. 목에서부터 발목까지 또는 무릎 아래까지 감싸는 형태이고, 팔 부분이 없는 것도 있어. 상어의 모습을 보고 발명한 전신 수영복은 수영 선수가 세계 신기록을 세우는 데 큰 도움을 주었단다.

**상어의 어떤 모습을 보고 만들었나요?**

상어의 피부를 자세히 보면 뾰족하게 생긴 비늘이 있어. 이 비늘이 물과의 마찰력을 줄여 주어서 상어는 아주 빠른 속도로 헤엄칠 수 있지. 전신 수영복은 이런 상어 비늘의 원리를 이용해 발명한 거란다.

 #타고난 수영 능력자 상어 #따라만 해도 기록이 나와

## 신기록을 많이 세워서 금지된 수영복

수영 용품 제조 회사인 영국의 스피도는 선수들의 기록 향상을 위해 전신 수영복을 개발했어. 스피도에서는 호주의 수영 선수 마이클 클림에게 이 수영복을 입어 보도록 했어. 마이클 클림은 처음에는 전신 수영복을 입기 싫어했어. 하지만 자신의 기록이 좋아지는 것을 보고 생각이 바뀌었지.

마이클 클림 이후 많은 선수들이 전신 수영복을 입고 대회에 참가했어. 그들은 계속해서 세계 신기록을 세웠지. 2008년 한 해에만 국제 대회에서 108개의 세계 신기록이 나왔단다. 결국 2010년부터 국제 대회에서 전신 수영복 착용이 금지되었어. 수영 대회가 선수의 능력보다 수영복 기술에 의존한다는 우려 때문이었지.

물질 > 3-2 4. 물질의 상태

## keyword 13 · 포스트잇

미국 3M사의 연구원 스펜서 실버는 우연히 붙었다가 잘 떨어지는 약한 접착제를 발명하였다. 포스트잇은 이 접착제로 만들었다.

**접착제는 어떻게 물건을 붙게 하나요?**

종이는 표면이 매끈해 보이지만 자세히 살펴보면 울퉁불퉁하게 생겼어. 액체나 말랑말랑한 고체 상태인 접착제가 이 틈으로 스며들어 딱딱하게 굳으면 두 물건이 붙게 되는 거야.

**접착제는 왜 통 안에서는 굳지 않아요?**

접착제는 공기와 만나면 굳게 되어 있어. 그래서 공기와 만나지 못하게 뚜껑이 달려 있는 통 안에서는 굳지 않아.

 #붙였다 떼었다 포스트잇 #우연히 발명했다면 대박

 아서 프라이

# 쓸모없는 발명품을 성공적인 발명품으로

3M사의 직원인 아서 프라이는 회사의 기술 세미나에서 쓸모없는 발명품에 대해 듣고 있었어.

"이 접착제는 절대로 붙지 않습니다. 붙였다가 떼면 바로 떨어져 버리죠."

"하하하. 정말 쓸모없는 물건이네."

다들 세미나를 유쾌하게 즐겼어. 그러던 어느 날 책에 끼워 둔 책갈피가 떨어지는 것을 보고 프라이는 쓸모없는 접착제가 떠올랐어. 접착력이 약한 접착제를 종이에 바르면 붙였다 떼었다 할 수 있는 책갈피가 되겠다고 생각했지. 이 아이디어를 발전시켜 포스트잇을 발명했어. 획기적인 아이디어로 실패한 발명품을 성공적인 발명품으로 재탄생시킨 거야.

운동과 에너지 〉 3-2 5. 물의 상태 변화

### keyword 14 주전자 뚜껑 구멍  발명

> 우리 주위에는 소음을 줄이기 위한 발명품이 많이 있다.
> 주전자 뚜껑의 작은 구멍도 시끄러운 소리를 줄이기 위한 것이다.

**주전자 뚜껑에 구멍이 있으면 왜 소음이 줄어드나요?**

물을 끓이면 수증기로 변하잖아. 뜨거운 수증기가 위쪽으로 올라가면서 주전자 뚜껑이 달그락거리게 돼. 뚜껑에 구멍이 있으면 그곳으로 수증기가 빠져나가기 때문에 소음이 줄어들지.

**시끄러운 소리와 작은 소리는 어떤 차이가 있나요?**

소리는 세기가 클수록 우리의 고막을 크게 자극해. 반대로 작은 소리는 고막을 조금 자극하지. 물이 세게 끓으면 주전자 뚜껑이 크게 달그닥거리는 것과 비슷한 원리야.

 #주전자 뚜껑도 발명품이라니 #하찮은 구멍이 아니었어

후쿠이에

## 구멍 하나 뚫었을 뿐인데…

주전자 뚜껑에는 구멍이 뚫려 있어. 물이 끓을 때 수증기가 밖으로 빠져나오라고 낸 구멍이지. 이 작은 구멍이 특허까지 있는 발명품이라는 것을 알고 있니?

일본에 사는 후쿠이에는 추운 겨울날 난로를 켜 둔 채 자고 있었어. 그런데 난로 위에 올려 둔 주전자의 뚜껑 소리가 너무 요란한 거야.

"아, 시끄러워서 못 자겠네. 방이 건조해서 물을 끓이긴 해야 하는데……."

한참 고민 끝에 후쿠이에는 송곳으로 주전자 뚜껑에 구멍을 뚫었어. 그랬더니 소리가 나지 않았지. 후쿠이에는 곧 '구멍 뚫린 주전자 뚜껑'으로 특허를 신청했어. 그 뒤에 주전자 회사와 냄비 회사에서 그의 특허를 사용했어. 후쿠이에는 아주 작은 아이디어로 큰돈을 벌게 되었지.

탐구 〉 4-1 1. 과학자처럼 탐구해 볼까요?

keyword 15

# 레고

발명

장난감 회사 레고는 많은 위기가 있었지만 원칙을 꾸준히 지켜 온 덕분에 세계 최고의 장난감 회사가 되었다.

① 레고는 어떤 원칙을 지켰나요?

레고 회사에는 열 가지 원칙이 있었어. 놀이의 가능성이 무한할 것, 남녀 아이 모두를 위해 만들 것, 모든 나이대 아이들에게 맞을 것, 쉽게 보충할 수 있을 것 등이었지. 또, 블록 결합 방식으로 무엇이든 만들 수 있기 때문에 질리지 않고 가지고 놀 수 있었어.

다른 블록 장난감도 레고처럼 끼울 수 있지 않나요?

레고의 블록 결합 방식은 레고에서 발명해서 특허를 받은 거야. 지금은 특허 존속 기간이 끝나서 누구든지 그런 방식을 사용해서 블록을 만들 수 있어.

 #내가 좋아하는 레고 블록 #특허 받은 발명품

## 화재에도 포기하지 않고 만든 장난감

덴마크의 올레 키르크 크리스티얀센은 목공소를 운영하고 있었어. 1924년 두 아들이 난로에 불을 피우다가 화재가 났지. 다행히 다친 사람은 없었지만 목공소는 큰 손해를 입었어. 올레는 좌절하지 않고 나무 장난감을 만들기 시작했는데, 이것들이 꽤 인기를 얻었어. 그래서 '잘 논다(leg godt).'라는 말의 앞 글자를 따서 레고(lego)라는 회사를 만들었어.

그런데 승승장구하던 레고 회사에 또다시 불이 나고 말았어.

"불에 타지 않게 나무 대신 플라스틱으로 장난감을 만들어야겠어."

지금과 같은 형태의 블록은 올레의 아들 고트프레트가 만들었어. 플라스틱이 나무처럼 잘 끼워지지 않자 지금의 레고 결합 방식을 발명하게 되었지.

지구와 우주 > 4-1 2. 지층과 화석

keyword
**16**

# 공룡

발견

공룡의 화석을 보면 육식 공룡인지 초식 공룡인지 알 수 있다.
날카로운 이빨과 뾰족한 발톱이 있으면 육식 공룡이다.

화석은 어떻게 만들어지나요?

원래 동물이나 식물이 죽으면 그 몸은 썩게 되어 있어. 그런데 흙이 갑자기 무너져 내려 썩을 시간 없이 묻힌 다음 땅속에서 오랜 시간 굳으면 화석이 된단다.

육식 공룡과 초식 공룡 화석의 다른 점이 또 있나요?

육식 공룡의 화석을 보면 눈이 앞에 있는데 초식 공룡은 옆에 있어. 그래서 육식 공룡은 시야는 좁지만 정확한 거리를 가늠할 수 있고, 초식 공룡은 시야는 넓지만 정확한 거리를 가늠하지 못했을 거라고 추측하고 있어.

#화석으로 알 수 있는 공룡의 식성 #나도 고기가 좋아

## 무시무시한 도마뱀

1822년 영국의 생물학자 맨텔은 공사장에서 공룡 화석을 발견했어. 하지만 당시에는 아직 공룡의 존재를 알지 못했기 때문에 거대한 도마뱀의 화석이라고 생각했어. 맨텔은 거대한 도마뱀이 이구아나와 비슷하게 생겼다고 생각해 이구아노돈(Iguanodon)이라고 이름 지었어.

영국의 생물학자 리처드 오언은 다르게 생각했어. 오언은 오래전 지구에는 무시무시하게 큰 생명체가 살았을 거라고 생각했어. 그래서 '무시무시한'이라는 뜻의 그리스어 'deinos'와 '도마뱀'이라는 뜻의 'sauros'를 합쳐서 '공룡(Dinosaur)'이라고 이름 붙였어. 맨텔과 오언의 발견으로 공룡 연구가 시작되었단다.

지구와 우주 > 4-1 2. 지층과 화석

## keyword 17  방사능 연대 측정법  발견

미국의 화학자 패터슨 박사는 방사능 연대 측정법으로 지구의 나이가 45억 5천만 년이라고 밝혔다.

방사능 연대 측정법이 뭐예요?

우라늄, 탄소-14 같은 방사성 물질로 암석의 나이를 측정하는 방법이야. 지구의 나이나 유물, 유적이 생겨난 시기도 알아낼 수 있단다.

방사성 물질로 어떻게 나이를 알 수 있어요?

방사성 물질들은 규칙적으로 붕괴가 일어나서 안정된 다른 물질로 변해. 원래 물질의 양이 반으로 줄어드는 데 걸리는 시간을 반감기라고 하는데, 우라늄-238의 반감기는 45억 년, 탄소-14는 5,730년이야. 그래서 암석에 포함되어 있는 방사성 원소의 양을 측정하면 그 암석의 나이를 알 수 있단다.

 #방사능 물질로 나이를 알아내는 법 #지구 나이 진짜 많구나

 윌러드 리비

## 미라의 나이를 알 수 있을까?

이집트의 피라미드에서 나온 유물이 언제 만들어진 것인지 알 수 있을까? 1947년 미국의 화학자 윌러드 리비는 이 문제를 해결할 방법을 제시했어. 리비는 생물체의 몸에는 대기 중에 존재하는 것과 똑같은 비율의 탄소-14가 포함되어 있다고 생각했어. 탄소-14는 생물이 죽으면 5,730년마다 양이 반으로 줄어들어. 그래서 탄소-14의 양을 측정하면 생물체가 죽은 시점을 알게 되고, 유적과 유물, 퇴적암의 나이도 측정할 수 있다는 것이었지. 이것이 바로 방사성 탄소 연대 측정법이야.

고고학, 인류학, 지질학에 큰 변화를 가져온 이 연구로 리비는 1960년 노벨 화학상을 받았어.

생명 > 4-1 3. 식물의 한살이

## keyword 18 파종기

 발명

오늘 농업기술원에서 선보인 마늘 파종기는 기존의 파종기에 비해 작업 시간을 훨씬 줄일 수 있다.

파종기가 뭐예요?

파종기는 씨를 뿌리는 기계야. 밭고랑을 따라가며 적당한 깊이로 땅을 파고, 고른 간격으로 씨를 뿌리고, 흙을 덮어 주는 작업을 하지.

왜 파종기를 쓰나요?

사람이 손으로 일일이 씨를 심는 것보다 파종기로 심는 것이 훨씬 빠르고 쉽기 때문이야. 정확한 간격과 정해진 깊이대로 씨를 심고 흙을 고르게 덮어 주어서 동시에 싹이 트고 비슷비슷하게 자란단다.

 #내가 심은 강낭콩은 왜 싹이 안 날까? #나도 파종기가 필요해

## 씨를 골고루 잘 뿌릴 수 없을까?

영국의 농부 제스로 툴은 밭에 씨앗을 뿌린 후에 그것들을 관찰했어.
'여기는 씨앗들 사이가 너무 가깝네. 씨앗이 흙에 박힌 깊이도 다 다르구나.'
씨앗의 사이가 너무 가까우면 잘 자라기가 어려워. 씨앗이 흙에 박힌 깊이도 싹을 틔우는 데 영향을 미치지. 툴은 씨앗을 골고루 뿌리면서 적당한 깊이에 심는 도구를 만들어야겠다고 생각했어. 그러고는 드릴과 깔때기 모양의 용기를 사용해 파종기를 발명했지. 파종기를 사용하자 손으로 뿌릴 때보다 훨씬 더 빨리 일을 끝낼 수 있었어. 또, 씨앗들이 더 잘 자라서 생산량도 크게 늘었지.

운동과 에너지 〉 4-1 4. 물체의 무게

keyword 19

# 훅의 법칙

발견

용수철 저울은 훅의 법칙을 이용해 만든 저울이다.

훅의 법칙이 뭔가요?

영국의 과학자 로버트 훅은 용수철이 늘어나는 길이는 용수철을 당기는 힘의 크기에 비례한다는 사실을 발견했어. 이것이 훅의 법칙이야. 단, 용수철이 너무 늘어나서 망가질 만큼 힘이 커지면 이 법칙은 적용되지 않아.

용수철의 성질이 뭐예요?

용수철에 힘을 가해 잡아당기면 늘어나고, 힘이 사라지면 다시 원래의 모습으로 돌아가는 성질이야. 이런 성질을 '탄성'이라고 해. 훅의 법칙은 용수철처럼 탄성이 있는 모든 고체에 적용돼.

#세게 잡아당기면 많이 늘어나고 #약하게 잡아당기면 조금 늘어나고

## 실험과 관찰의 천재 로버트 훅

로버트 훅은 물리학, 화학, 천문학 분야에서 성과를 남겼어. 우리는 한 과목 공부하는 것도 힘든데 정말 대단하지? 대학을 졸업한 훅은 로버트 보일의 조수로 일하면서 보일의 법칙을 발견하는 데 도움을 주었어. 또, 현미경의 조명 장치를 새로 만들어서 동식물과 화석을 관찰했는데, 특히 코르크를 관찰하면서 세포를 발견했지. '세포(cell)'란 말을 처음 사용한 사람도 훅이야. 망원경을 만들어 화성과 금성도 관찰했어. 그리고 용수철로 실험을 하다가 물리학에서 중요한 훅의 법칙을 발견했단다.

물질 > 4-1 5. 혼합물의 분리

**keyword 20 셀로판테이프**

셀로판테이프는 투명한 점착제가 발라져 있어 물건을 붙일 때 편리하게 이용할 수 있다.

 점착제가 뭐예요?

점착제는 접착제와 비슷해. 둘 다 물건을 붙이는 데에 쓰거든. 단, 점착제는 붙였다가 다시 뗄 수 있지만 접착제는 한번 붙이면 떼기가 어려워. 셀로판테이프나 포스트잇에 발라져 있는 것이 점착제야.

점착제는 왜 붙였다가 다시 뗄 수 있어요?

특수한 화학 물질이 섞여 있기 때문이야. 이 화학 물질이 붙였다가 떼어도 접착하는 성질을 잃어버리지 않게 한단다.

 #붙이는 접착제도 발명하고 #붙였다 떼는 점착제도 발명하고

## 스카치테이프? 셀로판테이프!

셀로판은 무색투명한 얇은 막이야. 1920년대에는 음식을 포장할 때 셀로판 포장지를 사용했는데 안으로 물이 스며들어서 음식이 상하곤 했어. 3M사의 기술자인 리처드 드류는 좋은 방법이 없을까 고민했지.
"물이 스며들지 않으려면 완전히 접착되도록 만들어야 해."
1년이 넘는 연구 끝에 드류는 이미 개발되어 있던 점착제를 이용해 셀로판테이프를 발명했어. 3M사에서는 이 제품을 '스카치'라는 브랜드로 판매했는데, 엄청나게 많이 팔렸단다. 그래서 지금도 셀로판테이프를 스카치테이프라고 부르는 사람이 많아.

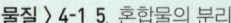물질 > 4-1 5. 혼합물의 분리

keyword 21

# 크레용

 발명

크레파스와 크레용은 서로 다른 특성을 가지고 있다.

크레용과 크레파스는 다른 건가요?

같다고 생각하는 사람이 많은데, 다른 거야. 크레용은 초의 재료인 왁스와 색깔을 내는 안료를 섞어서 막대 모양으로 굳힌 미술 도구야. 크레용은 단단하고 손에 잘 묻지 않지만 색깔을 섞기가 어려워. 반면에 크레파스는 무르기 때문에 손에 잘 묻고 색도 섞기 쉽단다.

크레용과 크레파스의 특성이 다른 이유는 뭔가요?

재료로 쓰이는 왁스의 단단함에 차이가 있기 때문이야. 단단한 왁스는 경질 왁스라고 하고, 연한 왁스는 연질 왁스라고 해. 크레용은 경질 왁스로 만들고, 크레파스는 연질 왁스로 만든단다.

 #손에 안 묻는 건 크레용 #손에 잘 묻는 건 크레파스

52

 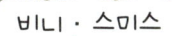

## 그림을 그리는 장난감

미국인 에드윈 비니와 해럴드 스미스는 그림 물감을 파는 회사를 운영하고 있었어. 그림 물감이 잘 팔리지 않자, 두 사람은 고민에 빠졌어.
"학교 선생님들에게 가루가 날리지 않는 분필을 만들어 팔면 어떨까?"
두 사람은 가루가 날리지 않는 분필을 홍보하기 위해 학교를 돌아다녔어. 그러다 아이들이 그림을 그릴 마땅한 도구가 없다는 걸 깨닫게 되었어.
"아이들이 그림 그릴 수 있는 장난감을 만들어 보자."
1903년, 두 사람은 물에 녹지 않는 안료와 왁스로 단단한 크레용을 만들어 냈어. 크레용은 아이들에게 엄청난 사랑을 받았단다.

물질 > 4-1 5. 혼합물의 분리

## keyword 22 초코칩 쿠키

 발명

쿠키에 초콜릿 조각을 넣고 오븐에 구웠더니 맛있는 초코칩 쿠키가 완성되었다.

**1** 초코칩 쿠키의 초콜릿은 왜 오븐에서 녹지 않나요?

초콜릿에 들어 있는 카카오버터가 초콜릿을 녹지 않게 한 거야. 카카오버터를 가열하면 낮은 온도에서는 녹지만 높은 온도에서는 오히려 녹지 않고 모양을 유지하거든. 오븐은 처음부터 높은 온도여서 초콜릿이 녹지 않았던 거야.

**2** 카카오버터가 뭐예요?

초콜릿은 카카오나무 열매인 카카오로 만들어. 카카오를 누르거나 으깨서 지방을 분리한 것이 카카오버터야.

 #초코칩 쿠키처럼 맛있는 발명품 #더 많이 만들어 주세요

54

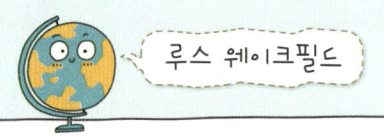
루스 웨이크필드

# 가장 맛있는 혼합물의 발명

루스 웨이크필드는 미국의 한 고속도로에서 식당 겸 톨게이트인 톨하우스를 운영하고 있었어. 웨이크필드는 손님들에게 직접 구운 쿠키를 후식으로 주었는데, 맛이 좋아서 인기가 좋았지.

'매일 같은 후식을 주는 것보다 변화를 주는 게 좋겠어.'

어느 날 그녀는 쿠키 위에 초콜릿을 얹어 오븐에 구웠어. 그러면 초콜릿이 녹을 거라고 생각했는데 그대로 쿠키 위에 박혀 있는 거야. 그리고 초콜릿이 박힌 쿠키는 엄청나게 맛이 있었지. 웨이크필드가 이 쿠키를 '톨하우스 쿠키'라고 이름 붙여 팔기 시작하면서 미국에는 초코칩 쿠키 열풍이 불었단다.

keyword 23 **하이브리드 옥수수**

생명 > 4-2 1. 식물의 생활

> 우리나라에서 옥수수 한 포기에 두 이삭이 달리는 하이브리드 옥수수 품종을 기르는 데 성공하였다.

하이브리드 옥수수가 뭐예요?

하이브리드 옥수수는 다양한 분야에 이용할 수 있는 옥수수야. 식용뿐만 아니라 사료, 바이오 연료로도 이용할 수 있어. 병과 벌레에 강하고 생산성도 높지. 단순히 알갱이가 큰 슈퍼 옥수수와는 다르단다.

바이오 연료는 뭐예요?

동물의 배설물이나 식물에서 에너지를 얻는 연료를 말해. 사용하면 없어지는 화석 연료와 달리 계속해서 원료를 얻을 수 있고 이산화탄소도 적게 나오기 때문에 많은 과학자들이 연구하고 있지.

 #슈퍼냐 하이브리드냐 #먹기에는 큰 게 좋아

## 아프리카를 도운 옥수수 박사

김순권 박사의 별명은 '옥수수 박사'야. 생산량이 세 배나 되는 하이브리드 옥수수 등 다양한 신품종 옥수수를 개발했지.

어느 날 김순권 박사는 아프리카의 나이지리아로 떠났어. 많은 사람들이 굶주리는 아프리카에서 병충해에 강한 옥수수를 개발해 식량 문제를 해결하기 위해서였지. 그 뒤 나이지리아 정부에서는 식량 문제를 해소시켜 준 공로를 인정해 그가 개발한 옥수수를 동전에 새겼어. 옥수수 한 알에서 세계 평화가 이루어질 수 있다고 믿은 김순권 박사는 노벨상 후보에도 다섯 번이나 올랐단다.

생명 > 4-2 1. 식물의 생활

## keyword 24 찍찍이 테이프  발명

도꼬마리 열매에서 아이디어를 얻은 찍찍이 테이프는 끈이 없어도 신발이 벗겨지지 않게 한다.

**1. 도꼬마리 열매는 어떻게 생겼나요?**

도꼬마리 열매는 타원형으로 생겼는데 갈고리 같은 가시가 많이 나 있어. 그래서 동물의 털이나 다른 물체에 붙어서 멀리 이동하는 식으로 씨를 퍼뜨려.

**2. 찍찍이 테이프는 어떤 원리인가요?**

찍찍이 테이프는 도꼬마리 열매의 가시처럼 생긴 작은 갈고리들이 한쪽 면에 달려 있고, 다른 면에는 동그란 고리들이 있어. 테이프의 양면을 붙이면 갈고리들이 동그란 고리에 걸려서 딱 붙게 되는 거야.

#찍찍이 운동화 최고 #끈 묶는 운동화 싫어

 조르주 드 메스트랄

# 자연에서 찾은 발명품

스위스의 전기 기술자 조르주 드 메스트랄은 사냥을 좋아했어. 어느 날 산토끼 사냥을 나갔는데 사냥개의 뒷모습을 보고 웃음보가 터졌어. 도꼬마리 열매가 털에 더덕더덕 붙어서 고슴도치 같았거든.
"도꼬마리 열매가 왜 떨어지지 않는 걸까?"
집에 돌아온 메스트랄은 확대경으로 도꼬마리 열매를 관찰했어. 그러고는 그 모양을 본떠서 잠금장치를 만들면 좋겠다고 생각했지. 10년 여의 연구 끝에 세상에 나온 찍찍이 테이프는 옷, 신발, 가방, 문구, 장난감 등 아주 많은 곳에 사용되고 있어.

생명 > 4-2 1. 식물의 생활

**keyword 25** 방수 옷

카이스트 창의연구단은 물에 젖지 않는 연잎의 특징을 활용해 방수 옷을 만들었다.

연잎은 왜 물에 젖지 않나요?

연잎을 자세히 살펴보면 아주 작은 크기의 혹들로 덮여 있어. 이 울퉁불퉁한 독특한 구조 때문에 물방울이 스며들지 않고 연잎 위에 떠 있게 된단다.

울퉁불퉁한 구조로 만들면 방수가 되는 건가요?

그렇긴 한데, 울퉁불퉁한 구조가 아주 작아야 해. 연잎과 물방울이 서로 직접 만나는 부분은 물방울이 덮고 있는 면적의 2~3퍼센트밖에 되지 않아. 이런 구조로 비옷이나 우산을 만든단다.

 #연꽃 연잎 연근 다 있는데 #연줄기는 없나요?

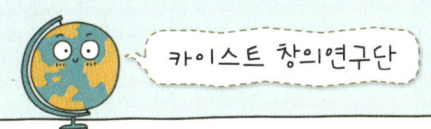

## 연잎에서 배운 새로운 기술

2010년 카이스트(KAIST)의 광자유체집적소자 창의연구단은 표면에 아주 작은 홈이 있는 구슬 모양의 작은 알갱이를 대량 생산하는 기술을 개발했어. 연잎 구조를 본떠서 방수 천을 만들긴 했지만 연잎의 작은 알갱이를 독립적으로 만든 것은 처음이었지.

"이 기술을 사용하면 세차가 필요 없는 자동차, 김이 서리지 않는 유리, 비나 눈물에 얼룩지지 않는 화장품을 만들 수 있습니다."

연잎 표면은 아주 작은 돌기들 위에 물방울이 떠서 또르르 굴러가는데, 이때 연잎 위에 있던 먼지들도 함께 쓸려 내려가. 바로 이런 원리를 이용해서 비가 오면 자동으로 세차가 되는 자동차를 만들 수 있는 거야.

물질 > 4-2 2. 물의 상태 변화

## keyword 26 페트병 〔발명〕

탄산음료를 담는 페트병의 바닥은 다섯 개로 갈라져 볼록하게 나와 있어서 밑에서 보면 마치 꽃잎처럼 보인다.

탄산음료를 담는 페트병은 왜 바닥이 다르게 생겼나요?

콜라나 사이다 같은 탄산음료에는 압력이 높은 탄산가스가 들어 있어서 내부 압력에 잘 견디도록 디자인한 거야. 바닥의 면적을 넓게 만들면 압력을 더 적게 받기 때문에 페트병 바닥이 부풀어 오르지 않고 똑바로 서 있을 수 있단다.

페트병이 늘어나기도 하나요?

페트병은 폴리프로필렌이라는 물질로 만들어. 일종의 플라스틱인데 어느 정도 늘어났다가 다시 원래 형태로 돌아오는 성질이 있단다.

 #페트병 바닥에 숨은 과학 #오늘에야 알았네

## 이 병이라면 폭발하지 않아

페트병을 만든 사람은 미국의 기술자 너세니얼 와이어스야. 와이어스는 음료수를 유리병에 넣어 마시는 것이 무겁다고 느꼈어. 그래서 가벼운 플라스틱에 담아 먹으면 어떨지 상상했지.

"플라스틱으로 만든 병에 콜라 같은 탄산음료를 담으면 어떻게 될까?"

"당연히 폭발하지! 위험해서 안 돼."

와이어스의 질문에 동료들이 입을 모아 대답했어. 와이어스는 탄산음료를 넣어도 폭발하지 않는 강한 플라스틱을 만들기 위해 10년 동안 거의 1만 번의 실험을 했어. 정말 끈질긴 노력이지? 페트병은 값이 싼 데다 가볍고 튼튼해서 유리병보다 많이 이용되고 있어.

물질 > 4-2 2. 물의 상태 변화

keyword
**27**  정수 시설

우리나라는 정수 시설을 도입하여 시민들에게 안전하게 물을 공급하고 있다.

정수 시설이 뭐예요?

물을 깨끗하게 하는 시설을 말해. 우리가 사용하는 수돗물은 모두 정수 시설을 통해 깨끗해진 물이야. 우리나라는 모래에 물을 통과시키는 기본적인 정수 시설에 더해 오존이나 활성탄으로 한 번 더 정수하는 '고도 정수 처리'를 이용하고 있단다.

왜 한 번 더 정수 처리를 하나요?

기본적인 정수 시설을 거친 물은 보기에는 깨끗해 보이지만 우리 몸에 안 좋은 영향을 줄 수 있는 질소 같은 물질들이 남아 있어. 이를 없애기 위해 한 번 더 정수 처리를 하는 거야.

 #수돗물이 정수된 물인데 #정수기는 왜 필요할까?

 로버트 톰

# 깨끗한 물을 선물한 톰 호수

"우리 마을에 있는 물은 더러워서 먹을 수가 없어요."

1804년, 스코틀랜드에 살던 로버트 톰은 마을 사람들의 불평을 들었어. 당시에는 물을 정화시키는 방법은 알려져 있었지만, 실제로 물을 정화해 줄 공공시설은 없었거든. 톰은 직접 정수 처리 시설을 만들기로 마음먹었어. 톰은 모래와 자갈 속으로 통과시켜 깨끗해진 물을 말이 끄는 수레로 운반했어. 수레로 많은 물을 운반하는 것이 힘들어지자 이번에는 수도관을 만들었지. 마을 사람들은 톰의 발명과 노고를 기리는 뜻으로 이 정수 처리 시설을 '톰 호수'라고 불렀단다.

물질 > 4-2 2. 물의 상태 변화

### keyword 28 인공 눈

발명

우리는 물의 상태 변화를 다양하게 이용한다.
스키장에서 인공 눈을 만드는 것도 그런 예이다.

스키장에 있는 눈은 진짜 눈이 아니었나요?

물론 진짜 눈도 있어. 하지만 눈이 내리지 않을 때는 인공 눈을 만들어서 스키장에 뿌린단다.

인공 눈과 자연 눈은 어떤 차이점이 있나요?

인공 눈은 얼음을 갈아서 뿌려 주는 제빙기나 물을 얼려서 뿌리는 제설기를 이용해서 만들어. 자연 상태의 눈에 비해 습도가 낮아서 잘 뭉쳐지지 않지. 그래서 인공 눈으로 눈사람을 만들거나 눈싸움을 하기는 어렵단다.

#잘 뭉쳐지면 진짜 눈 #잘 안 뭉쳐지면 인공 눈이야?

## 세균으로 눈을 만든다고?

인공 눈을 만드는 방법은 전혀 엉뚱한 연구에서 시작되었어. 수십 년 전 미국에서 농작물이 얼어 피해를 입자 과학자들이 냉해의 원인을 연구하기 시작했어. 보통 농작물은 영하 5도까지는 얼지 않아서 피해가 없어야 하는데, 영하 2~3도만 되어도 냉해를 입었거든.

원인을 찾던 과학자들은 얼음을 쉽게 얼게 만드는 세균을 발견했어. 이 세균은 빙핵이 되는 단백질을 만들고 있었어. 빙핵은 얼음이 얼기 시작할 때 최초로 얼음을 만드는 물질이야. 이 세균이 농작물 피해의 원인이었던 거야. 그 뒤에 과학자들은 이 빙핵 활성 세균을 활용해 인공 눈을 만들었어. 스키장에서 쓰는 제설기에도 이 세균을 사용한단다.

물질 > 4-2 2. 물의 상태 변화

keyword
**29**

# 핸드 드라이어

핸드 드라이어는 모터로 강한 바람을 만들고,
히터로 온도를 상승시켜 따뜻하고 강한 바람이 나온다.

 핸드 드라이어는 어떻게 손에 묻은 물기를 말리나요?

물이 수증기로 변하는 현상을 증발이라고 해. 증발은 바람이 강하고 온도가 따뜻할수록 빨리 일어나. 핸드 드라이어에서는 따뜻하고 강한 바람이 나오기 때문에 손에 묻은 물기를 빨리 마르게 하는거야.

물이 증발하는 것과 끓는 것은 어떤 차이가 있나요?

증발은 손에 묻은 물기가 마르는 것처럼 액체가 표면에서 기체로 변하는 현상을 말해. 끓음은 액체의 표면 뿐만 아니라 내부에서도 기체로 변하는 현상을 가리키지. 둘의 공통점은 물이 기체인 수증기로 변한다는 거야.

 #라면 물 끓는 건 끓음 #면발이 식는 건 증발

68

## 손수건 대신 핸드 드라이어

공중화장실에는 손을 씻고 나서 말릴 수 있도록 핸드 드라이어가 설치되어 있어. 핸드 드라이어는 1920년대에 미국에서 발명되었는데, 너무 크고 값도 비싸서 많은 사람들이 이용하지는 못했어. 그러다가 1950년에 조지 클레멘스가 발로 밟아서 작동시키는 핸드 드라이어를 발명했어. 그때부터 공공시설에 설치되어 많은 사람들이 사용하기 시작했지. 지금의 핸드 드라이어는 동작 센서를 추가해 손을 갖다 대기만 해도 저절로 작동해.

물질 > 4-2 2. 물의 상태 변화

keyword 30

## 다리미

발명

다림질을 할 때 필요한 것은 열과 압력, 수분이다.

다리미로 어떻게 옷의 주름을 펴나요?

다림질을 할 때는 보통 물을 조금 뿌리거나 덜 마른 상태에서 해. 다리미로 옷을 다리면 옷에 있던 수분이 열과 함께 빠져나가면서 순간적으로 딱딱해져. 이때 바닥이 평평한 다리미가 눌러 주면서 구김이 펴지는 거야.

옷에 있던 수분이 왜 빠져나가나요?

다리미 바닥이 뜨겁기 때문이야. 뜨거운 다리미 바닥을 옷에 눌렀다 떼면 옷에 있는 물기가 수증기로 변해서 빠져나가는 거지.

 #우리 집 다리미는 스팀 다리미 #바닥에서 수증기가 슝슝

## 전기 다리미로 주름을 쫙쫙!

아주 오래전부터 사람들은 옷을 다려서 입고 다녔어. 옛날에는 불에 뜨겁게 달군 인두나 숯을 넣은 숯다리미 등을 썼는데, 다림질을 하려면 불을 피워야 해서 불편했어. 1882년, 미국의 발명가 헨리 실리는 전기가 각 가정에 보급되자 전기로 작동하는 다리미를 만들었어.

"금속을 전기로 가열하면 편리하게 다림질할 수 있지."

실리의 다리미는 손잡이가 달려 있어서 자유롭게 움직일 수 있었어. 이후로 온도를 조절할 수 있는 다리미, 스팀 다리미 등이 개발되었단다.

물질 > 4-2 2. 물의 상태 변화

### keyword 31 가습기  발명

집 안이 건조할 때 가습기를 이용하면 물을 수증기로 바꿔 공기 중 수증기 양을 늘릴 수 있다.

가습기는 어떻게 물을 수증기로 바꾸나요?

가습기는 다양한 형태로 발명되었어. 물을 진동시켜 잘게 쪼개어 내보내는 방식, 전기로 물을 끓여서 수증기로 내보내는 방식, 젖은 필터로 공기가 통하게 하여 물을 증발시키는 방식 등이 있지.

건조할 때 가습기를 사용하지 않으면 어떻게 되나요?

우리 코는 안쪽이 촉촉해야 제 기능을 할 수 있어. 공기가 건조하면 콧구멍 안이 건조해져서 감기에 걸리기 쉽고 목이나 눈도 아플 수 있지. 또 피부가 거칠어지기도 해. 실내 습도는 50~60퍼센트 정도를 유지하는 게 좋단다.

 #건조한 겨울에 꼭 필요한 가습기 #내 감기를 막아 줘

# 천차만별 가습기

발명이는 전기로 물을 끓여서 수증기를 내보내는 방식의 가습기를 만들었어. 그런데 창작이가 발명이의 가습기보다 더 발전된 형태로 만들더니 더 싸게 파는 거야.

"왜 내 물건을 똑같이 만드는 거야?"

"내가 만든 가습기는 네 거랑 달라. 그래서 특허 등록도 했어."

지금 판매되고 있는 가습기들은 이처럼 각각 특허가 있어서 똑같이 따라 만들 수 없어. 이미 나와 있는 가습기와 다른 형태로 발전시킨다면 특허 등록이 가능해. 그래서 각 회사마다 다른 형태의 가습기를 만들어 판매하고 있는 거야.

운동과 에너지 > 4-2 3. 그림자와 거울

keyword 32

# 손전등

발명

손전등은 빛이 퍼지지 않고 모이기 때문에 멀리까지 비출 수 있다.

손전등은 왜 빛이 퍼지지 않고 모이나요?

전구의 빛은 보통 사방으로 퍼지지. 손전등의 불빛이 곧게 나아가는 이유는 전구 주위에 고깔 모양의 은색 필름이나 거울을 달아서 빛을 모아 주기 때문이야.

손전등은 어떻게 빛을 내나요?

손전등은 건전지의 전기를 이용해. 스위치를 켜서 전기가 흐르게 하면 전구 안에 있는 필라멘트가 뜨겁게 달궈져서 빛을 내지.

#고깔모자 쓴 손전등  #그래서 멀리 비추는구나

데이비드 미셸

## 밤길에는 손전등이 필요해

전등이 발명되기 전에는 밤에 밖을 다닐 때 등이나 램프를 들고 다녔어. 그러다 1896년 미국의 발명가 데이비드 미셸이 들고 다닐 수 있는 전등을 발명했지. 2년 뒤에는 건전지를 넣는 막대 모양의 손전등을 발명했는데, 스위치를 켜면 바로 빛이 나와서 오랫동안 비출 수 있었어.

미셸의 손전등은 이미 발명되어 있는 전등이나 건전지를 이용해 만들었어. 세상에 나와 있는 발명품들을 이용하되 들고 다니게 한다거나 스위치를 켜면 바로 빛이 나오게 하는 아이디어를 더해 또 다른 발명을 한 거지. 미셸의 손전등은 많은 사람들의 생활을 더 편리하게 해 주었단다.

운동과 에너지 > 4-2 3. 그림자와 거울

keyword 33
## 광양자설

발견

> 빛을 금속에 비추면 금속에 있는 전자가 튀어나오는 광전 효과를 아인슈타인의 광양자설로 설명할 수 있게 되었다.

**광양자설이 뭐예요?**

빛이 에너지를 가지고 있는 아주 작은 입자라고 설명하는 이론이야. 이전에는 빛이 물결처럼 흐르는 파동이라고 보았어. 그런데 파동으로 설명하기에는 어려운 현상들이 있었어. 광전 효과는 빛의 알갱이인 광양자가 금속의 전자와 충돌하기 때문에 벌어진단다.

**그럼 빛은 파동이 아닌가요?**

빛은 입자이지만 동시에 파동의 성격도 가지고 있어. 어두운 방에 스탠드를 켜고 벽에 손을 가까이 하면 그림자가 또렷해지고, 벽에서 멀어지면 그림자가 흐릿해지는 것은 빛이 파동이라서 생기는 현상이야.

#빛이 알갱이라니! #그걸 알아낸 아인슈타인이 더 놀라워

## 노벨상을 수상한 광양자설

독일의 물리학자 알베르트 아인슈타인은 특허국 직원으로 발명품 검사하는 일을 했어. 일하는 틈틈이 혼자 물리학을 연구했지. 1905년 아인슈타인은 빛이 아주 작은 알갱이로 이루어져 있다는 광양자설을 발표했어. 이전까지는 대부분의 과학자들이 빛이 물결처럼 움직이는 파동이라고 믿었지.
"빛이 알갱이라고? 아인슈타인의 주장이 틀렸다는 걸 내가 증명해 보이지!"
하지만 과학자들의 실험은 오히려 아인슈타인의 주장이 맞다는 것을 확인시켜 주었어. 1921년 아인슈타인은 상대성 이론이 아닌 광양자설로 노벨 물리학상을 받았단다.

운동과 에너지 > 4-2 3. 그림자와 거울

keyword **34**  디지털카메라   발명

디지털카메라는 촬영 후 디스플레이 창을 통해 곧바로 사진을 볼 수 있다.

 디지털카메라가 뭐예요?

필름 없이 디지털 방식으로 사진을 찍는 카메라야. 사진을 컴퓨터 파일 형식으로 저장하고, 필름처럼 현상하거나 인화할 필요 없이 곧바로 찍은 사진을 확인할 수 있어.

필름은 뭔가요?

예전 카메라에서 사진을 찍을 때 쓰던 얇고 투명한 막이야. 종이에 그림을 그리는 것처럼 사진기로 찍은 이미지가 필름에 새겨지는 거야. 지금은 디지털카메라가 일반화되어 필름이 거의 쓰이지 않아.

 #찍고 바로 확인하는 디지털카메라 #내 얼굴 잘 나온 것만 저장

78

## 세계 최초로 디지털카메라를 발명했지만…

미국의 코닥은 카메라 필름으로 유명한 회사야. 코닥의 전기 기사였던 스티브 새슨은 1975년 세계 최초의 디지털카메라를 만들었어. 그 발명품을 코닥의 임원들에게 자신 있게 소개했지.

"제가 만든 카메라는 필름이 필요 없습니다! 사진을 찍고 나서 23초 후 카세트에 기록이 되고, 다시 23초 후에 텔레비전에 보이게 됩니다."

"필름으로 현상하면 쉬운 일을 왜 어렵게 하나? 그런 카메라는 필요 없네."

필름 회사인 코닥에서 필름이 필요 없는 카메라를 반길 리가 없었지. 하지만 그 뒤에 다양한 디지털카메라가 나오면서 필름 카메라는 거의 사라지게 되었어. 디지털카메라 시장을 선도할 수도 있었던 코닥은 그 기회를 놓치고 나서 파산의 위기를 겪게 되었단다.

지구와 우주 > 4-2 4. 화산과 지진

keyword
**35**
# 지진계

발명

바다에서 지진이 일어나면 땅에 있는 사람들은 느낄 수 없지만 지진계로는 측정할 수 있다.

지진계가 뭐예요?

지진의 진동을 알아내서 자동으로 기록하는 기계야. 지진이 일어나면 지진계의 바닥은 땅과 같이 움직이지만 지진계의 추는 움직이지 않기 때문에 땅의 진동을 기록할 수가 있어.

지진은 왜 일어나나요?

지진은 지층이 지구 내부에서 생기는 커다란 힘을 오랫동안 받다가 갑자기 끊어지면서 그 충격으로 땅이 흔들리는 현상이야. 지구 내부에는 액체 상태의 맨틀이 있는데, 그 위에 떠 있는 커다란 암석 판이 조금씩 움직이면서 일어난단다.

#땅이 움직이는 지진 #심하면 도로가 끊어지고 건물이 무너져

 존 밀른

# 땅의 진동을 기록하다

영국의 과학자 존 밀른은 동료 과학자들과 함께 일본에서 발생하는 지진을 연구하고 있었어. 지진 기록 장치를 만들고 싶었던 밀른은 1880년 수평 추 지진계를 발명했지. 용수철에 매달린 추에 펜을 붙여 두고 종이에 지진의 진동을 기록하는 장치였어.

지진계가 발명되고 나서는 전 세계에 지진 관측소가 많이 생겨났고, 지진파를 통해 지구의 내부 구조를 알아내려는 연구도 진행되었어. 덕분에 지구 내부의 핵이나 맨틀에 대해 알게 되었지. 지금은 디지털 지진계로 보다 정확하게 지진을 측정할 수 있어.

지구와 우주 〉 4-2 4. 화산과 지진

## keyword 36 리히터 규모

발명

경북 포항에서 리히터 규모 5.4의 강한 지진이 발생하여 주민들이 대피하는 소동을 겪었다.

리히터 규모가 뭐예요?

리히터 규모는 지진의 규모를 객관적인 수치로 나타내는 단위야. 최초로 지진이 발생한 진원에서부터 100킬로미터 떨어진 곳에서 지진계로 측정한 값이지.

우리는 리히터 규모 몇부터 지진을 느낄 수 있어요?

사람들은 리히터 규모 3보다 작은 지진은 잘 느끼지 못해. 리히터 규모 3은 사람들은 느끼지만 피해가 거의 없고, 리히터 규모 4부터 방 안의 물건들이 움직이는 것을 관찰할 수 있어.

#숫자가 클수록 큰 지진 #재난 문자 무서워

## 정확한 지진의 규모를 알고 싶어

미국의 물리학자 찰스 리히터는 지진 연구소에서 지진 활동을 조사하고 있었어. 당시에는 '메르칼리 진도 계급'을 이용해 지진의 규모를 표시했어. 그런데 메르칼리 진도 계급은 지진으로 발생한 피해 정도를 기준으로 하기 때문에 똑같은 지진이 일어나더라도 지역에 따라 등급이 달라졌어.

"같은 지진이라도 건물이 많은 곳에선 등급이 더 높게 나와. 피해 규모도 중요하지만 지진의 규모를 정확히 알 수 있는 방법이 필요해."

리히터는 1935년 마침내 '리히터 규모'를 발명했어. 지진계에 측정된 지진파의 진폭, 주기, 진원, 진앙을 계산해서 나온 지진파의 총에너지의 크기를 알려 주는 리히터 규모는 전 세계 모든 나라에서 똑같이 사용하는 공식적인 기준이란다.

지구와 우주 > 4-2 4. 화산과 지진

## keyword 37 석굴암

석굴암은 화강암으로 만들어져서 오랫동안 보존할 수 있었다.

**1. 석굴암은 왜 화강암으로 만들었나요?**

화강암은 지하 깊은 곳에서 마그마가 서서히 굳어서 만들어진 암석이야. 우리나라에서는 흔하게 볼 수 있는 암석이지. 주변에서 쉽게 구할 수 있고 단단해서 화강암으로 석굴암을 만들었을 거야.

**2. 화강암은 또 어디에 쓰이나요?**

비석이나 조각상을 만들기도 하고, 건물을 지을 때도 화강암을 많이 사용해. 최근에는 단단한 화강암으로 컬링 스톤을 만들기도 한단다.

#그렇게 단단한 화강암을 어떻게 깎았을까? #역시 조상님은 대단해

 김대성

## 전생의 부모님을 위해 지은 절

국보 제24호 석굴암은 그 아름다움과 뛰어난 건축 기술로 유네스코 세계문화유산으로 지정되었어. 석굴암은 스스로 환기를 하고 습도를 조절하는 능력을 갖추고 있었단다. 일제가 잘못 복원해 지금은 그런 능력을 잃어버렸지. 석굴암을 만든 사람은 신라의 김대성이야. 『삼국유사』에는 석굴암과 김대성에 얽힌 이야기가 수록되어 있어. 신라의 모량리에 대성이라는 아이가 살았는데, 부처님께 땅을 시주한 뒤 갑자기 죽어 버렸어. 그런데 그날 밤 재상 김문량의 집에 하늘에서 들려오는 소리가 울려 퍼졌어.

"모량리에 사는 대성이를 너희 집에 맡기노라."

열 달 뒤에 아내가 남자아이를 낳자 이름을 대성이라고 지었지. 김대성은 현생의 부모님을 위해 불국사를, 전생의 부모님을 위해 석굴암을 지었다고 해.

물질 > 4-2 5. 물의 여행

### keyword 38　레인코트

> 비 내리는 밤거리에는 우산을 쓰거나 레인코트를 입은 사람들이 간간이 보였다.

레인코트가 뭐예요?

비가 올 때 입는 긴 겉옷이야. 방수성이 있는 소재로 만들어서 비에 젖지 않는단다.

레인코트를 만든 것도 발명인가요?

정확히 말하자면 레인코트를 만드는 소재인 '개버딘'을 발명했다고 해야지. 영국의 토머스 버버리가 기존의 비옷을 만드는 소재보다 훨씬 가볍고 입기 편한 개버딘을 발명해 특허를 받았어. 그리고 개버딘으로 레인코트를 만들어 아주 큰 인기를 얻었지.

#레인코트 입고 장화 신으면 #우산이 없어도 괜찮아

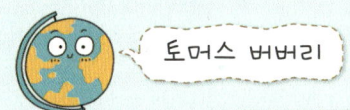

## 가볍고 편한 비옷으로 수출상까지!

영국의 발명가인 토머스 버버리는 고민이 많았어. 수많은 발명으로 수십 가지 특허를 냈는데 상품으로 만들어진 게 하나도 없었거든. 버버리는 사람들이 사용하지 않는 발명품은 필요가 없다는 걸 깨달았어. 그래서 사람들이 어떤 물건을 필요로 하는지 유심히 관찰했지.
"비옷은 무겁고 불편해. 가볍고 편한 방수 옷감을 만들어 볼까?"
1888년에 버버리는 인공 고무 섬유로 만든 개버딘을 발명했어. 개버딘으로 만든 레인코트는 여름에는 시원하고 겨울에는 따뜻해서 사람들에게 큰 인기를 끌었지. 영국뿐 아니라 세계적으로도 인기를 끌어 영국 정부로부터 수출상도 받았단다.

탐구 > 5-1 1. 과학자는 어떻게 탐구할까요?

## keyword 39 스마트폰

발명

스마트폰은 사람들의 생활에 혁명적인 변화를 가져왔다.

스마트폰이 뭔가요?

스마트폰은 휴대용 전화기에 컴퓨터의 여러 기능을 추가한 거야. 기본적인 전화와 문자 수신 기능 외에 인터넷 통신과 정보 검색, 화상 통화 등을 할 수 있고 다양한 응용 프로그램을 설치해 게임이나 음악 듣기 등 여러 활동을 할 수 있지.

스마트폰은 어떤 변화를 가져왔나요?

우리는 언제 어디에서나 스마트폰으로 인터넷을 할 수 있고, 정보를 검색할 수 있어. 걸어 다니면서 화상 통화를 하고, 게임을 하고, 사진이나 동영상을 찍을 수 있지. 그 밖에도 다양한 활동을 스마트폰 하나로 할 수 있단다.

#스마트폰 나도 갖고 싶은데 #우리 엄마 아직 안 된대

 스티브 잡스

## 청바지를 입고 아이폰을 소개하다

"기존의 핸드폰보다 5년을 앞선 혁신적이고 마법 같은 제품을 소개합니다." 2007년 애플사의 스티브 잡스는 새로운 스마트폰을 선보였어. 바로 아이폰이야. 사람들은 버튼이 없는 터치스크린 형태의 아이폰에 열광했고, 타임즈에서 뽑은 2007년 올해의 발명품으로 선정되기도 했어. 아이폰은 그 뒤에 나온 스마트폰에 큰 영향을 미쳤어.

스티브 잡스는 새로운 제품이 나올 때마다 발표회장에 나섰어. 보통 이런 자리에는 정장을 입지만 잡스는 언제나 목까지 올라오는 검은 셔츠에 청바지, 운동화 차림이었어. 그의 옷차림은 간결한 제품의 특징을 설명하는 데 적합하다는 평가를 받았고, 애플은 신제품을 내놓을 때마다 큰 성공을 거두었단다.

운동과 에너지 > 5-1 2. 온도와 열

keyword 40

# 보온병

발명

보온병은 내용물의 온도를 일정하게 유지하도록 만들어진 병이다.

**보온병은 어떻게 온도를 유지하나요?**

보온병은 벽이 이중으로 되어 있어. 벽과 벽 사이는 공기를 빼서 진공 상태로 만드는데, 그 이유는 공기를 통해 열이 전달되는 것을 막기 위해서야. 그래서 보온병 안에 든 물건의 열기가 밖으로 빠져나가지 않는 거란다.

**보온병은 무엇으로 만드나요?**

예전에는 유리로 만들었어. 하지만 유리가 잘 깨져서 지금은 스테인리스로 많이 만든단다.

#벽이 이중인 보온병 #무거운 이유가 있었네

제임스 듀어

## 뜨거운 음식이 식지 않는 병

전기가 발명되기 전에는 음식을 데울 때에 항상 불이 필요했어. 그런데 음식을 밖으로 가지고 나갈 경우에는 일일이 데우기가 쉽지 않았지. 영국의 과학자 제임스 듀어는 이것을 고민했어.

'뜨거운 음식을 식지 않게 만들 수 없을까?'

마침내 듀어는 두 겹의 벽이 있는 물병을 만들었고, '듀어병'이라 이름 지어 팔았어. 음식이 오랫동안 식지 않는 듀어병은 사람들에게 엄청난 인기를 끌었지. 그 뒤에 새 이름을 공모하는 대회를 열었는데, 그리스어로 '뜨겁다'는 뜻을 가진 테르메(therme)에서 따온 '보온병(Thermos)'이 뽑혔단다.

운동과 에너지 〉 5-1 2. 온도와 열

### keyword 41 알루미늄박

발명

커다란 수박을 잘라 반은 썰어서 먹고 나머지 반은 알루미늄박으로 싸서 냉장고에 넣었다.

알루미늄박을 사용하면 어떤 효과가 있나요?

알루미늄은 산소와 빛을 막아 박테리아가 잘 성장하지 못하게 해. 그래서 음식을 상하지 않게 오래 보관할 수 있지. 값도 저렴해서 식료품 포장지로 많이 사용한단다.

알루미늄박은 왜 가격이 저렴해요?

알루미늄은 지구에서 실리콘, 산소 다음으로 풍부한 물질이야. 게다가 찰스 마틴 홀이 알루미늄을 쉽게 생산할 수 있는 방법을 개발해서 가격이 저렴하단다.

#쿠킹호일이 알루미늄박 #알루미늄인 줄 몰랐어

 찰스 마틴 홀

## 은보다 비싼 알루미늄을 값싸게

미국의 과학자 찰스 마틴 홀은 알루미늄을 쉽게 생산할 수 있는 방법을 찾고 있었어. 당시에는 알루미늄이 은보다 비싼 귀금속이었거든. 사실 알루미늄은 흔한 물질이지만 자연에서 순수한 알루미늄만을 얻어 내기가 어려워서 값이 비쌌지. 오랜 연구 끝에 홀은 알루미늄을 저렴하게 생산할 수 있는 방법을 찾아냈어. 빙정석이란 흰 광물을 가열해서 녹인 다음, 알루미늄을 주성분으로 하는 보크사이트라는 광물을 넣어서 다시 녹였어. 그리고 전기 분해를 했더니 순수한 알루미늄이 나왔지.

그 뒤에 홀은 알프레드 헌트와 회사를 세워서 알루미늄에 대해 더 연구했어. 그리고 수많은 실패 끝에 종이처럼 얇게 만든 알루미늄박을 발명하게 되었단다.

운동과 에너지 > 5-1 2. 온도와 열

### keyword 42 : 냉동 식품

고기, 생선, 야채 등 식재료를 얼린 냉동 식품도 있지만, 음식을 조리해서 얼린 뒤 데우기만 하면 바로 먹을 수 있는 냉동 식품도 있다.

**냉동 식품이 뭐예요?**

오래 보관하기 위해 얼린 식품을 말해. 식품을 얼려서 보관하면 오랫동안 상하거나 썩지 않거든.

**식품을 얼리면 왜 썩지 않아요?**

식품이 썩는 것은 미생물이 번식하거나 효소가 영향을 주기 때문이야. 하지만 식품을 얼리면 미생물과 효소도 같이 얼어 버리기 때문에 썩지 않는단다.

 #우리 냉장고에도 냉동 식품 많아 #그중 최고는 냉동 만두

클래런스 버즈아이

## 고기를 얼렸더니 상하지 않아

미국의 생물학자 클래런스 버즈아이가 알래스카로 출장을 떠났어. 배가 고파 음식을 찾았더니 두 달 전에 먹다 남긴 물고기가 싱싱한 상태로 있지 뭐야. 신기해서 자세히 관찰해 보니 반으로 잘려진 물고기가 꽁꽁 얼어 있었어.

"물고기가 얼어서 싱싱하게 유지된 걸까?"

버즈아이는 곧바로 실험에 들어갔어. 얼린 고기와 얼리지 않은 고기 중 어떤 것이 상하지 않고 더 오래 가는지 본 거야. 그랬더니 얼음을 넣어 주며 보관한 고기가 더 오래 신선함을 유지했어.

버즈아이는 1925년 급속 냉동법을 발명해 특허를 신청했어. 식품 회사인 제너럴 푸드사는 이 특허를 사들인 뒤에 세계적인 기업으로 성장했단다.

운동과 에너지 〉 5-1 2. 온도와 열

keyword **43** 온도계 발명

온도계는 물체의 온도를 재는 기계로, 우리나라에서는 섭씨온도로 표시하는 온도계를 사용한다.

 섭씨온도가 뭔가요?

섭씨온도는 물의 어는점을 0도로 하고 끓는점을 100도로 정해서 그 사이를 100등분한 온도야. ℃라는 기호를 사용하지. 가령 섭씨 24도는 24℃로 표시해.

섭씨온도 말고 다른 온도도 있나요?

온도를 나타내는 국제 단위로는 섭씨온도와 화씨온도, 켈빈 온도가 있어. 각각 ℃, °F, K로 표시해. 화씨온도는 얼음의 녹는점을 32°F, 물의 끓는점을 212°F로 해서 그 사이를 등분한 온도야. 켈빈 온도는 물질의 특성에 의존하지 않고 눈금을 정의해서 절대 온도라고도 해.

 #미국 기온이 100도라기에 깜놀 #알고 보니 화씨온도

## 정확한 온도를 재 볼까?

온도계를 처음 만든 사람은 지구가 태양 주위를 돈다고 주장한 갈릴레이야. 그런데 물을 이용한 그의 온도계는 정확하지 않았어. 그 뒤에 영국의 화학자 보일이 알코올 온도계를 발명했어. 우리가 과학 시간에 사용하는 온도계지. 독일의 물리학자 파렌하이트가 발명한 수은 온도계는 예전에 체온계로 많이 쓰였어. 지금은 수은이 몸에 해롭다는 이유로 사용을 금지하고 있어. 파렌하이트는 화씨온도를 개발한 사람이기도 해.

운동과 에너지 > 5-1 2. 온도와 열

## keyword 44 전자 온도계

발명

전자 온도계는 소수점 아래까지 숫자로 정확히 표시된다.

전자 온도계는 어떻게 온도를 측정하나요?

전자 온도계는 '서미스터'라는 물질을 이용해서 서미스터 온도계라고도 해. 서미스터는 아주 작은 온도 변화에도 민감하게 반응해서 정확한 온도를 측정할 수 있어.

서미스터는 뭔가요?

서미스터는 망가니즈, 니켈, 코발트 등의 가루를 압축하고 가열해서 만든 반도체야. 세라믹 저항체라고도 해. 반도체는 낮은 온도에서는 전기가 거의 통하지 않지만 높은 온도에서는 잘 통한단다.

#우리 집 체온계도 전자 온도계 #38도 넘으면 약 먹어야 돼

## 온도에 무척 민감한 서미스터

서미스터는 냉장고의 온도계, 조리용 온도계, 수족관의 온도계, 귀 체온계 등 다양한 온도계에 사용되고 있어. 서미스터는 처음에 미국 웨스턴 회사의 상품 이름이었다가 반도체 물질을 가리키는 이름이 되었어. 지금은 특허 존속 기간이 끝나서 싼값에 서미스터를 살 수 있지.

서미스터는 다양한 제품에 활용되고 있어. 밖에서도 온도를 볼 수 있는 냉장고, 자동으로 온도를 조절하는 온도 센서 등에도 쓰이지. 온도에 민감한 성질만으로도 다양한 쓰임새가 있는 거야.

지구와 우주 > 5-1 3. 태양계와 별

keyword 45 **망원경**

태양 망원경으로 태양의 표면에 있는 다양한 흑점을 관찰할 수 있다.

> 망원경으로 보면 왜 물체가 크게 보이나요?

망원경은 렌즈를 여러 개 사용해. 빛을 받아들이는 렌즈로는 물체를 밝게 보고, 물체를 비추는 큰 렌즈로는 자세히 보고, 눈으로 보는 렌즈로는 물체를 확대해서 크게 볼 수 있지.

> 태양 망원경은 일반 망원경과 뭐가 다른가요?

태양은 빛이 너무 강해서 일반 망원경으로는 볼 수 없어. 그래서 태양 망원경에는 태양빛의 양을 줄여 주는 필터와 태양의 표면을 살펴볼 수 있게 도와주는 특수한 필터들을 쓴단다.

 #아빠랑 야구장 갈 때 가져가는 망원경 #선수들 표정까지 잘 보여

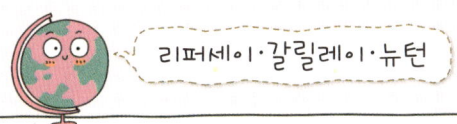

## 너도나도 망원경 경쟁

네덜란드의 안경 기술자였던 한스 리퍼세이는 볼록 렌즈와 오목 렌즈를 하나씩 겹쳐 들고 멀리 있는 교회 탑을 보다가 깜짝 놀랐어.
"교회 탑이 왜 이렇게 크게 보이지?"
두 렌즈를 조금 떨어뜨려 보았더니 교회 탑이 더 잘 보였어. 1608년 리퍼세이는 이 원리를 이용해 망원경을 만들었어. 그 뒤에 갈릴레이는 물체가 30배 크게 보이는 망원경을 만들었고, 뉴턴은 렌즈가 아닌 거울로 망원경을 만들었어. 과학자들의 연구가 계속 이어지면서 다양한 망원경이 만들어졌단다.

지구와 우주 〉 5-1 3. 태양계와 별

keyword 46

# 인공위성

 발명

최근에는 대형 망원경을 실은 인공위성을 지구 밖으로 보내 먼 우주를 관측하기도 한다.

 인공위성이 뭐예요?

인공위성은 로켓을 이용해 하늘로 쏘아 올려 지구 주위를 돌게 하는 물체를 말해. 사용 목적에 따라 과학 위성, 기상 위성, 통신 위성, 군사 위성 등이 있어.

 우리나라도 인공위성을 발사했나요?

물론이야. 1992년 8월 우리나라 최초의 인공위성 '우리별 1호'가 성공적으로 발사되어 궤도에 진입했어. 우리나라는 세계에서 22번째 위성 보유국이 되었단다.

 #인공위성은 지구 주위를 돌고 #우리 집 강아지는 내 주위를 돌고

세르게이 코롤료프

# 우주에서 보내온 신호를 받다

인류가 최초로 달에 착륙한 것은 미국의 아폴로 11호였어. 하지만 세계 최초의 인공위성은 구소련의 스푸트니크 1호였단다. 1950년부터 우주 경쟁을 벌인 미국과 소련은 서로 자신들의 과학 기술이 더 우수하다는 것을 증명하기 위해 애썼어. 이때 소련의 우주 계획을 지휘한 과학자가 세르게이 코롤료프야.

코롤료프는 소련의 로켓 기술 개발자였어. 그의 인공위성 실험에는 무수히 많은 실패가 있었어. 소련 정부는 국가 자원을 낭비했다며 그를 감옥에 보내기도 했단다. 감옥에서 풀려난 코롤료프는 다시 실험에 매달렸고, 우주에서 보내온 역사적인 신호를 듣게 되었어.

"삐…삐…삐…삐……."
최초의 인공위성 스푸트니크 1호가 우주에서 보내온 첫 신호였지.

물질 〉 5-1 4. 용해와 용액

## keyword 47 합성염료

발명

자연에서 얻은 천연염료만 쓰다가 합성염료를 사용하게 되면서 다양한 색상의 옷을 만들 수 있게 되었다.

염료가 뭐예요?

옷감 등에 색깔을 입히는 물질이야. 그중에서도 물이나 기름에 녹는 물질을 말하지. 동식물이나 광물에서 얻는 염료는 천연염료라고 하고, 여러 물질을 화학적으로 합성하여 만든 염료는 합성염료라고 해.

물이나 기름에 녹지 않는 염료도 있나요?

색을 입히는 물질 중에 물이나 기름에 녹지 않는 물질을 안료라고 해. 안료는 가루이고, 그림물감이나 인쇄 잉크를 만드는 데 쓰인단다.

 #물에 녹는 염료 #물에 녹지 않는 안료

## 인공 염료로 옷을 물들이다

영국의 화학자 윌리엄 퍼킨은 열여덟 살 때 자기 집에 실험실을 만들 정도로 연구에 열심이었어. 대학에 들어가서는 교수의 실험실에서 조수로 일했지. 실험실에서는 말라리아를 치료하는 키니네라는 물질을 인공으로 합성하기 위한 연구를 진행했는데, 실패가 계속되었어.

어느 날 퍼킨은 실패한 실험을 관찰하다가 신기한 현상을 보았어.

"이 물질은 알코올을 넣으면 색깔이 변하네."

퍼킨은 천을 염색해 보았어. 자주색으로 염색된 천은 비누칠을 해도 지워지지 않았고, 햇볕에 말려도 색이 변하지 않았지. 퍼킨은 이 발명품을 '모브'라고 이름 짓고 염료 공장을 세워 옷을 만들었어. 빅토리아 여왕이 퍼킨의 옷을 입자 인공 염료는 폭발적인 인기를 누리게 되었지.

물질 > 5-1 4. 용해와 용액

### keyword 48 티백  발명

매장에는 녹차, 홍차 등 티백으로 간편하게 우려 마실 수 있는 다양한 차들이 판매되고 있다.

**티백이 뭐예요?**

티백(tea bag)은 한 번 우려 마실 수 있는 양의 찻잎을 넣은 작은 주머니야. 주로 종이와 천연 펄프를 섞어서 만들어. 티백을 이용하면 찻잎 속의 맛있는 성분만 물에 용해되어 간편하게 차를 마실 수 있어.

**용해가 되면 차는 어떻게 되나요?**

차의 성분이 용해되면 물에 섞이게 돼. 용해란 용매와 용질이 고르게 섞이는 현상을 말하거든. 물에 차의 성분이 잘 섞이면 색도 맛도 변하게 되지.

 #차를 우리는 것은 용해 #우려진 차는 용액

## 간편하게 차를 우려 마시는 방법

뉴욕에서 홍차를 판매하던 토머스 설리번은 고객들에게 차의 샘플을 보내 미리 마셔 보게 했어. 차는 함석으로 만든 통에 담아 보냈지. 그런데 함석의 가격이 오르면서 다른 방법을 찾아야 했어.

"작은 비단 주머니로 차를 싸서 보내면 비용도 덜 들고 고급스러워 보이지 않을까?"

설리번이 새롭게 만든 샘플을 받은 사람들은 주머니째 물에 담가 차를 우려 마셨어. 아주 편리해서 반응이 좋았지. 다만 구멍이 너무 작아 잘 우려지지 않는다는 불만이 있었어. 설리번은 차의 성분이 더 잘 우러나도록 구멍이 더 큰 면 거즈로 티백을 만들었어. 이처럼 우연히 발명한 티백은 지금까지도 많은 사람들이 이용하고 있단다.

물질 〉 5-1 4. 용해와 용액

## keyword 49 손 소독제 발명

손 소독제는 물로 씻을 필요 없이 손에 발라 문지르기만 해도 세균을 없애 준다.

물로 씻지 않고 어떻게 세균을 없애나요?

손 소독제에는 에탄올이나 이소프로판올, 알코올 같은 성분이 들어 있어. 이 성분들이 손에 있는 세균을 없애 주는 거야. 우리가 주사를 맞을 때 사용하는 소독솜에도 에탄올이나 알코올이 들어 있단다.

손에 세균이 그렇게 많나요?

물론이지. 손에는 아주 많은 세균이 살고 있고, 손을 통해 바이러스나 세균이 옮아서 병에 걸리는 경우가 많아. 그래서 손을 깨끗이 씻는 것이 아주 중요해.

#손을 소독하는 손 소독제 #발에 쓰면 발 소독제지?

고조 인더스트리

# 세균투성이 손을 깨끗하게!

손 소독제는 원래 병원에서 의사와 간호사가 수술하기 전에 사용했어. 수술 환자는 몸이 약한 상태라서 병에 걸리기 쉽고, 특히 상처 부위는 세균이나 바이러스에 감염될 확률이 높아. 그래서 수술 전 의사와 간호사들은 소독제로 손과 손톱, 손목과 팔까지 아주 깨끗이 씻는단다.
"환자에게 안전한 소독 방법이니까 누구나 사용할 수 있지 않을까?"
미국의 위생 용품 회사인 고조 인더스트리는 병원에서 사용하는 소독제를 연구해 누구나 사용할 수 있는 손 소독제를 발명했어. 오늘날 손 소독제는 병원은 물론이고 많은 사람이 드나드는 공공기관에도 비치되어 건강 지킴이 역할을 하고 있단다.

물질 > 5-1 4. 용해와 용액

## keyword 50 : 각설탕 포장지 (발명)

> 각설탕 포장지는 물에 잘 녹는 각설탕을 고체 상태로 유지하기 위해 작은 구멍이 곳곳에 뚫려 있다.

**1. 각설탕은 왜 물에 잘 녹나요?**

각설탕은 서로 결합하는 힘이 약하고, 오히려 물과 결합하는 힘이 강해. 그래서 각설탕을 물에 넣으면 쉽게 녹는 거야.

**2. 포장지에 구멍을 뚫으면 왜 각설탕이 잘 안 녹아요?**

작은 방 안에서 창문을 꼭 닫고 있다고 생각해 봐. 바람이 안 통해서 덥겠지? 창문을 열어 바람이 통하게 하듯이, 포장지에 작은 구멍들을 뚫어 통풍이 되게 만든 거야. 그래서 포장지에 싸여 있어도 각설탕이 녹지 않는 거지.

#물에 잘 녹는 각설탕 #뜨거운 우유에 넣어도 맛있어

## 작은 바늘구멍 몇 개만 뚫으면 돼

"설탕이 녹지 않게 오랫동안 보관할 방법을 찾습니다."
미국의 설탕 회사에서 사람들에게 설탕 보관법을 공모했어. 당시 설탕을 수출할 때 배에 실어 보냈는데 높은 온도와 습도 때문에 설탕이 녹아 말썽이었거든.
어느 날 화물선 선원이었던 존이 자신이 만든 포장지를 가지고 왔어. 화물선으로 물건을 운반할 때 그 신선함을 유지하기 위해 작은 환기 구멍을 냈는데, 거기서 아이디어를 얻어 바늘구멍을 뚫은 포장지를 만든 거야. 존의 포장지를 사용하자 각설탕이 녹는 문제가 해결되었어. 겨우 20대였던 존은 아이디어 하나로 벼락부자가 되었단다.

물질 > 5-1 4. 용해와 용액

**keyword 51**

# 세탁기

세탁기는 더러워진 옷을 빠르게 회전시켜 세탁을 하기 때문에 때가 잘 빠진다.

옷을 빠르게 회전시키면 세탁이 잘되나요?

물론이야. 더러운 옷을 물에 빨면 때가 물에 녹으면서 물이 더러워져. 옷을 물에 세차게 흔들거나 비비거나 두드리면 때가 더 빨리 물에 녹게 돼.

그럼 빨래를 하는 것도 용해인가요?

빨래의 때가 물에 녹으니까 용해라고 할 수 있지. 드라이클리닝은 물을 사용하지 않고 벤젠 등의 유기 용제로 때를 빼는 거야.

#축구하다 더럽힌 옷 #세탁기가 빨아 주지

## 집안일하는 시간을 확 줄여 줍니다

사람들은 빨래를 손쉽게 해 주는 기계를 만들려고 다양한 시도를 했어. 마침내 전기 세탁기를 발명하게 되었지. 전기로 작동하는 세탁기의 등장으로 빨래에 들이던 많은 시간을 다른 데에 쓸 수 있게 되었단다.

미국의 앨버 피셔가 발명한 전기 세탁기는 1904년부터 판매되었어. 그런데 피셔의 세탁기는 모터가 밖에 드러나 있어 물에 젖은 손이 닿기라도 하면 감전 사고가 날 위험이 있었지. 그 뒤에 문제점이 개선되어 지금의 세탁기로 발전했단다.

생명 > 5-1 5. 다양한 생물과 우리 생활

keyword 52

# 김치

🔍 발명

> 우리나라의 전통 발효 식품인 김치에는 유산균이 들어 있어 우리 몸을 건강하게 해 준다.

 유산균이 뭐예요?

유산균은 균의 하나인데, 우리 몸의 창자 속에 살면서 몸에 좋지 않은 다른 균을 없애 준단다. 음식의 소화를 돕고 변비도 막아 주지.

발효는 뭔가요?

눈에 보이지 않는 아주 작은 생물들이 음식을 분해하는 것을 말해. 발효가 되면 음식의 영양가도 높아지고 오래 보관해도 잘 상하지 않아. 된장, 고추장, 간장, 김치, 치즈, 요구르트 등이 모두 발효 식품이야.

 #난 아직도 김치가 매운데 #내 짝꿍은 잘 먹어

# 겨울에도 야채를 먹을 수 있어

우유를 냉장고에 넣어 두지 않으면 상하고 말아. 하지만 우유에 요구르트를 조금 부어서 적당한 온도에 두면 요구르트로 변한단다. 상하는 것은 부패이고, 요구르트가 되는 것은 발효야. 둘 다 균에 의한 변화지만 차이가 있어. 부패균은 자연 상태에서 나타나고, 발효균은 특별한 조건과 환경에서 나타난다는 거지.

우리 조상들은 이런 원리를 이용해 발효 식품을 만들었어. 대표적인 것이 김치야. 김치는 배추를 소금에 절여서 양념을 묻힌 다음 일정 시간 동안 적당한 온도에 두었다가 먹어. 그러면 유산균에 의해 발효되면서 맛있는 김치가 되지. 냉장고가 없던 옛날에는 김치를 먹음으로써 겨울에도 야채를 섭취할 수 있었어.

생명 > 5-1 5. 다양한 생물과 우리 생활

## keyword 53 푸른곰팡이

곰팡이는 더럽고 냄새 나는 것으로 생각하지만 푸른곰팡이처럼 질병을 치료하는 약으로 쓰이는 곰팡이도 있다.

푸른곰팡이로 어떻게 질병을 치료하나요?

푸른곰팡이에서 페니실린이라는 물질을 얻을 수 있어. 페니실린은 우리 몸에는 해롭지 않으면서 오직 세균들만 없애 주기 때문에 질병을 치료하는 데 쓰인단다.

페니실린은 어떻게 세균을 없애나요?

식물의 세포와 세균은 세포벽을 가지고 있어. 페니실린은 이 세포벽을 무너뜨려서 세균이 죽게 만들지. 하지만 사람의 세포에는 세포벽이 없어서 페니실린의 영향을 받지 않는단다.

 #푸른곰팡이의 정체 #좋은 곰팡이였네

# 푸른곰팡이에서 얻은 페니실린

1928년 여름, 런던의 의과 대학에서 미생물을 연구하던 플레밍은 휴가를 다녀와서 깜짝 놀랐어. 포도상구균이란 세균을 키우던 배양 접시를 깜빡하고 배양기 밖에다 두고 갔지 뭐야. 배양 접시에는 곰팡이가 피어 있었어. 플레밍은 그 배양 접시를 자세히 관찰했어. 그랬더니 곰팡이 주변의 포도상구균이 거의 죽어 있었어. 연구를 통해 플레밍은 푸른곰팡이가 포도상구균의 성장을 막는다는 사실을 알아냈고, 강력한 항균 작용을 하는 물질인 페니실린을 발견했어. 페니실린은 여러 질병을 치료하는 항생제로 쓰여 인간의 수명을 늘리는 데 큰 도움이 되었단다.

생명 > 5-2 1. 생물과 환경

## keyword 54 린네의 분류법

린네의 분류법은 인간을 호모 사피엔스라고 하여 인간과 고릴라를 같은 종으로 보았다.

**린네의 분류법이 뭐예요?**

스웨덴의 생물학자 칼 폰 린네가 식물과 동물을 분류한 분류법이야. 비슷한 생물끼리 같은 종으로 묶었지. 특히 식물을 자세히 분류했어.

**식물을 어떻게 분류했나요?**

생김새가 비슷한 것을 같은 '종'으로 분류하고, 종은 다르지만 성질이 비슷한 것을 '속'으로 분류했어. 그리고 식물의 이름을 지으면서 속의 이름과 종의 이름을 나란히 붙여 고유의 이름이 되게 했어. 이 이름을 '학명'이라고 해.

 #고릴라 닮은 우리 삼촌 #고릴라 친척이 맞는 듯

 린네

## 감히 인간을 동물로 분류해?

린네가 펴낸 『자연의 체계』는 동식물의 종류를 체계적으로 분류한 책이야. 이전에도 동식물을 분류한 학자들은 많았지만 린네는 더 많은 동물과 식물을 정리하고 싶었어. 이때 인간을 어떻게 분류할지가 가장 큰 고민이었어. 린네는 고심 끝에 인간을 포유류에 속하는 영장류로 분류했지. 침팬지나 고릴라처럼 말이야. 당시의 학자들은 린네의 책을 보고 화를 냈어.
"이성을 가진 인간을 어떻게 동물로 분류할 수 있습니까?"
하지만 린네는 끝까지 자신의 분류법을 주장했어. 오늘날에는 인간을 동물의 한 종류로 자연스럽게 받아들이고 있지.

생명 > 5-2 1. 생물과 환경

## keyword 55 예방 접종

발명

어린이와 노약자는 독감이 유행하기 전에 미리 예방 접종을 해 두는 것이 좋다.

**예방 접종을 하면 병에 걸리지 않나요?**

예방 접종은 약한 병균을 우리 몸에 주사하여 면역력이 생기도록 하는 거야. 그러면 그 병에 걸리지 않거나 아주 약하게 앓고 지나가게 돼.

**예방 접종으로 모든 병을 막을 수 있나요?**

그건 아니야. 세균이나 바이러스 때문에 걸리는 전염병만 예방할 수 있어. 또, 접종할 때 주사하는 약한 세균을 백신이라고 하는데, 백신이 개발되어 있지 않으면 예방 접종을 할 수 없어.

 #주사는 무서워 #먹는 예방 접종 약은 없나요?

 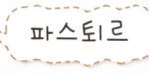 파스퇴르

# 전염병을 예방하는 주사

"닭들이 모두 죽어 가고 있어요. 왜 그런지 알려 주세요."
1880년 프랑스에는 닭 콜레라가 유행했어. 세균학자인 파스퇴르는 병을 일으키는 세균을 찾기 시작했지. 병에 걸린 닭의 피에서 병원균을 분리한 뒤 건강한 닭에게 주사했더니 모든 닭이 콜레라에 걸렸어. 그런데 힘이 약해진 세균을 주사했더니 닭이 오히려 병에 걸리지 않는 거야.
"약해진 세균이 병을 가볍게 앓게 해 병에 대한 면역성을 만드는구나."
여기서 아이디어를 얻은 파스퇴르는 약해진 균으로 전염병을 예방하는 '백신(vaccine)'을 발명했어. 백신을 주사하는 것을 '예방 접종(vaccination)'이라고 이름 지은 것도 파스퇴르란다.

지구와 우주 > 5-2 2. 날씨와 우리 생활

keyword 56

캔

발명

음식은 캔에 보관하여 밀봉하면 날씨와 상관없이 오랫동안 보관할 수 있다.

 캔은 누가 발명했나요?

캔에 음식을 담아 밀봉한 것을 통조림이라고 해. 통조림은 나폴레옹 때 만들어졌어. 1804년 나폴레옹은 전쟁터에서도 신선한 음식을 먹을 수 있도록 음식을 오래 보관하는 방법을 공모했어. 이때 니콜라 아페르가 만든 유리병이 선정되었단다.

통조림은 양철로 만드는 것이 아닌가요?

맞아. 아페르의 병조림이 인기를 얻자 1810년 영국의 피터 듀란드는 병조림보다 가볍고 튼튼한 양철 통조림을 개발했어. 이 통을 '틴 캐니스터'라고 불렀는데, 줄여서 '캔'이 되었지.

 #참치 캔과 통조림 햄 #뭘 먹을지 항상 고민

피터 듀란드

## 병조림부터 레토르트 식품까지

니콜라 아페르의 병조림은 나폴레옹이 전쟁에서 승리할 수 있도록 도왔어. 음식을 조리할 필요도 없었고 가지고 다니기도 편리한 데다 군인들이 늘 신선한 음식을 먹을 수 있었거든. 피터 듀란드가 양철 통조림을 발명한 뒤로는 더욱 많은 사람들이 통조림을 이용했지.

하지만 사람들은 여기에 만족하지 않았어.

"통조림 대신 봉지를 이용하면 훨씬 간편하지 않을까?"

이런 아이디어로 레토르트 식품이 개발되었어. 조리한 음식을 봉지에 밀봉해서 간편히 데워 먹을 수 있는 식품이지. 사람들은 더 편리하고 더 안전하고 더 좋은 것을 연구하고 끊임없이 발명을 해. 캔의 역사도 그런 발명의 과정을 잘 보여 준단다.

123

지구와 우주 > 5-2 2. 날씨와 우리 생활

keyword 57

# 피뢰침

발명

번개의 피해를 막기 위해 건물마다 피뢰침이 설치되어 있다.

 피뢰침이 뭐예요?

높은 건물 꼭대기에 끝이 뾰족한 금속 막대를 세워 놓은 것을 말해. 이 막대에 전기가 잘 통하는 구리 선을 땅속까지 연결해 놓아서 번개가 치면 전류가 땅속으로 흘러 들어가도록 한 장치야.

번개가 칠 때 전류가 흐르나요?

그래. 번개는 구름과 구름 사이 또는 구름과 땅 사이에 아주 센 정전기 현상으로 불꽃이 번쩍이는 거야. 전류가 흐르기 때문에 감전되면 위험할 수 있어. 그래서 피뢰침을 설치하는 거야.

 #사람 대신 번개 맞아 주는 피뢰침 #고마운 물건이네

 프랭클린

## 목숨을 건 번개 실험

미국의 정치가 벤저민 프랭클린은 과학자이자 발명가이기도 해. 주로 실용적인 발명품들을 만들었는데, 그중 하나가 피뢰침이야.

"하늘에서 내리치는 번개는 전기가 아닐까?"

프랭클린은 천둥 번개가 치며 비가 오는 날, 연에 전기가 통하는 열쇠를 달아 날려서 직접 번개를 맞았어. 목숨을 잃을 수도 있는 위험한 실험이었지.

"전기에 감전된 느낌과 똑같아. 번개는 전기가 맞아!"

프랭클린은 이 실험을 세계에 알렸어. 그리고 번개가 안전하게 땅속으로 들어가게 하는 피뢰침을 만들었지. 특허를 신청하면 큰돈을 벌 수 있었지만, 프랭클린은 누구나 피뢰침을 사용할 수 있도록 특허를 신청하지 않았어.

지구와 우주 > 5-2 2. 날씨와 우리 생활

keyword 58  일기 예보

일기 예보에서 내일부터 본격적으로 장마가 시작되니 우산을 준비하라고 했다.

 일기 예보가 뭐예요?

여러 기상 요소를 관측해서 앞으로의 날씨를 예측하는 것을 말해. 우리나라에서는 기상청에서 일기 예보를 하고 있어.

기상청에서 어떻게 일기 예보를 할 수 있나요?

기상청에서는 기상 레이더나 기상 위성 등을 통해 기온, 기압, 습도, 구름의 양 등 여러 정보를 모은단다. 아주 빠른 슈퍼컴퓨터로 많은 자료를 처리해서 예측 결과를 얻고 관측 자료를 종합해 예상되는 일기도를 만든 뒤 예보를 하지.

 #일기 예보에서 비 온대 #새 운동화 못 신겠네

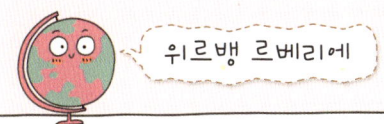 위르뱅 르베리에

## 내일의 날씨를 예측할 수 있을까?

1851년 프랑스의 천문학자 위르뱅 르베리에는 박람회를 보기 위해 영국에 갔어. 구경을 마치고 호텔로 돌아가던 길에 이상한 곡선들이 그려져 있는 영국 지도를 보게 되었지. 그 지도는 그리니치 천문대에서 일하던 글레이셔라는 과학자가 2년 동안 영국의 기압과 기온을 그린 지도였어.

"이런 자료를 활용한다면 내일의 날씨를 예측할 수 있지 않을까?"

르베리에는 프랑스로 돌아와서 최초의 기상 관측 시설을 만들었어. 그리고 매일매일 날씨를 지도에 그리며 일기 예보를 했지. 다른 나라에서도 프랑스의 일기 예보를 보고 기상국을 설립했단다.

지구와 우주 > 5-2 2. 날씨와 우리 생활

## keyword 59 생활 기상 지수

 발명

우리 생활과 밀접하게 관련되어 있는 날씨를 이해하기 쉽도록 생활 기상 지수로 표시하기도 한다.

**생활 기상 지수가 뭐예요?**

날씨 요소들이 우리 생활에 미치는 영향을 숫자로 표시한 거야. 불쾌감의 정도를 알려 주는 불쾌지수, 자외선 양을 알려 주는 자외선 지수, 사람이 몸으로 느끼는 체감 온도 등이 있어.

**체감 온도는 실제 온도와 다른가요?**

체감 온도는 온도, 습도, 풍속, 일사량 등을 종합해서 정하기 때문에 실제 온도와는 차이가 있어. 바람이 세게 불면 실제 기온보다 더 춥게 느껴지고 습도가 높으면 더 덥게 느껴지지.

 #오늘 불쾌지수 95 #엄마 오늘은 잔소리 참아 주세요

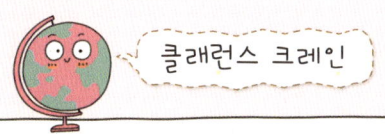
클래런스 크레인

# 이 사탕은 여름에도 녹지 않아요

사탕을 만들어 팔던 클래런스 크레인은 더운 여름이 되면 사탕이 녹아 걱정이었어.
"날씨를 바꿀 수 없다면 사탕을 바꾸는 수밖에."
크레인은 여름에도 잘 녹지 않고 단단한 사탕을 만들기 위해 노력했어. 그리고 마침내 가운데에 구멍이 뚫린 작은 사탕을 발명했지. 모양이 마치 구명 튜브처럼 생겨서 이름을 '라이프 세이버스(Life Savers)'라고 붙였어. 사람들은 시원한 박하 향과 여름철의 시원한 물놀이가 떠오르는 사탕 모양을 아주 좋아했지. 그 뒤에 에드워드 존 노블이 라이프 세이버스에 대한 사업권을 사들였어. 그는 포장지를 은박지로 바꾸어 사탕의 맛과 향이 유지되도록 했단다.

지구와 우주 > 5-2 2. 날씨와 우리 생활

**keyword 60**

# 레이더

발명

우리나라 기상청에서는 전국에 있는 열한 대의 기상 레이더로 날씨 정보를 수집하고 있다.

레이더가 뭐예요?

레이더는 어떤 물체에 전파를 보내 반사되어 온 전파를 수신해서 물체의 방향과 거리, 높이 등을 알아내는 장치야. 기상 레이더는 날씨와 관련한 정보를 측정하지.

기상 레이더는 어떻게 날씨 정보를 모으나요?

비, 눈, 우박에 부딪혀 되돌아온 전파로 강수의 세기, 방향, 이동 속도를 영상으로 확인할 수 있어. 만약 반사가 심하게 일어나면 집중 호우나 우박이 내린다고 예측할 수 있지.

#전파를 보내고 받는 레이더 #접시처럼 생겼던데

로버트 왓슨와트

## 레이더로 기상 정보를 감지하다

영국의 과학자 로버트 왓슨와트는 제2차 세계 대전 때 레이더를 발명했어. 레이더로 적의 폭격기가 어디쯤 오고 있는지 미리 알 수 있어서 독일과의 전쟁에서 큰 도움이 되었지.

그러던 어느 날 비행기를 관측하던 레이더에 새로운 신호가 전달되었어.

"레이더에 비와 눈이 관측됩니다."

그 뒤 레이더로 구름의 물방울, 얼음 결정, 빗방울, 우박 등 기상 정보를 감지해 날씨를 예측하게 되었어. 또 비행기와 배에 레이더를 설치해 암초나 비구름 등을 피할 수 있게 했단다.

지구와 우주 > 5-2 2. 날씨와 우리 생활

### keyword 61 측우기

세종 때에 세계 최초로 강우량을 측정할 수 있는 측우기가 발명되었다.

측우기를 발명하기 전에는 강우량을 측정하지 못했나요?

강우량은 어느 기간 동안에 내린 비의 양을 말해. 강우량을 측정하는 것은 아주 오래전부터 여러 나라에서 해 왔어. 하지만 국가에서 표준화된 기구로 공식적으로 측정한 것은 측우기가 처음이야. 서양보다 약 200년이나 앞선 것이란다.

측우기로 강우량을 어떻게 측정하나요?

측우기는 청동으로 만든 원통 모양의 부분과 고인 빗물의 깊이를 재는 자가 있어. 깊이는 30센티미터 정도인데, 비가 온 양에 따라 미우, 세우, 소우, 하우, 쇄우, 추우, 대우, 폭우 등 8단계로 분류했지.

#비의 양을 재는 측우기 #내 눈에는 그냥 원통인데

세종

## 비가 내린 양을 측정해서 보고하라

농사를 짓는 일이 아주 중요했던 조선에서는 강우량을 정확하게 측정하기 위해 노력했어. 조선 초기부터 전국의 고을에서 비가 온 양을 재어 왕에게 보고했지. 당시에는 비가 땅에 스민 깊이를 쟀는데, 지방마다 토양이 달라 정확한 깊이를 재기 어려웠어. 세종은 정확한 강우량을 측정할 수 있는 방법을 고민했어.

"구리로 그릇을 만들어 빗물을 받으면 정확한 양을 잴 수 있을 것입니다."
세종의 아들 문종이 아이디어를 냈고, 세종은 그릇의 크기 등 기준을 정해 측우기를 만들었어. 그리고 궁궐과 전국의 관아에 측우기를 설치해 강우량을 보고하게 했어. 이때의 기록이 지금도 남아 있단다.

운동과 에너지 〉 5-2 3. 물체의 운동

keyword 62

## 종이 상자

 발명

> 물건을 종이 상자에 포장하여 운반하면 파손될 위험이 적다는 것이 실험으로 밝혀졌다.

 종이 상자로 포장하면 왜 파손 위험이 적나요?

종이 상자가 충격을 받으면 상자가 찌그러지면서 안에 있는 물건이 받는 힘은 약해지기 때문에 파손되지 않아. 아니면 아주 적게 파손되지.

물건이 받는 힘이 약해지는 이유는 뭔가요?

종이 상자가 먼저 힘을 받아서 여러 방향으로 분산시키기 때문이야. 자동차의 범퍼도 비슷한 역할을 해. 사고가 났을 때 자동차 안에 있는 사람을 보호해 주지.

 #종이 상자가 발명품이라니 #발명 별거 아니네

## 가벼운 종이 상자로 포장하세요

인터넷으로 물건을 구입하면 주로 택배로 배달이 돼. 택배 상자는 보통 종이 상자이지. 종이 상자가 발명되기 전에는 나무 상자로 물건을 주고받았어. 1817년 영국의 말콤 손힐은 나무 상자보다 가벼운 종이 상자를 발명했어. 손힐의 종이 상자는 편리하고 값도 싸서 사람들의 사랑을 받았지.

"우리 시리얼을 종이 상자로 포장하면 어떨까?"

"좋은 생각이야. 종이 상자에 우리 회사 로고도 인쇄해서 넣자."

종이 상자는 켈로그 형제의 시리얼을 통해 전 세계적으로 인기를 얻게 되었단다.

운동과 에너지 〉 5-2 3. 물체의 운동

### keyword 63. 플라스틱 셔틀콕  🔍 발명

배드민턴 경기에 사용하는 셔틀콕은 깃털이 빠지면 교체한다. 깃털이 빠지면 셔틀콕의 진행 방향이 바뀌기 때문이다.

 깃털이 빠지면 왜 진행 방향이 바뀌나요?

깃털은 셔틀콕이 날아가는 속도나 방향에 영향을 주기 때문이야. 셔틀콕의 깃털이 빠지면 공기의 저항을 다르게 받아 의도하지 않은 곳으로 떨어지게 된단다.

깃털이 빠진 셔틀콕은 사용할 수 없나요?

경기에는 사용할 수 없어. 경기용 셔틀콕은 깃털을 사용하지만 일반적으로는 플라스틱 셔틀콕을 많이 써. 동물을 보호하기 위해 플라스틱 제품을 만든 거야.

 #동물을 보호하는 플라스틱 셔틀콕 #착한 발명이구나

## 동물을 보호할 수 있는 셔틀콕

배드민턴은 예전에 귀족들만 즐기는 운동이었어. 셔틀콕이 아주 비쌌거든. 셔틀콕은 오리나 거위의 깃털로 만들었는데, 한 마리에게서 많은 개수가 나오지는 않았어. 또 깃털이 빠지면 셔틀콕을 쓸 수 없어서 오리나 거위가 많이 희생될 수밖에 없었지.

"셔틀콕을 꼭 새의 깃털로 만들어야 할까?"

영국의 윌슨 칼튼은 플라스틱 상품에 대한 신문 기사를 보고 셔틀콕도 플라스틱으로 만들면 좋겠다고 생각했어. 가격도 저렴하고 동물도 보호할 수 있는 플라스틱 셔틀콕은 곧 영국 전체로 퍼져 나갔단다.

운동과 에너지 > 5-2 3. 물체의 운동

keyword 64

# 방적기

발명

아크라이트의 수력 방적기는 사람이 하면 수백 시간이 걸릴 일을 훨씬 짧은 시간에 해냈다.

방적기가 뭐예요?

실을 만드는 기계야. 방적기가 발명되기 전에는 사람이 손으로 물레를 돌려서 실을 뽑았어. 아크라이트의 방적기는 한 번에 여러 가닥의 실을 뽑을 수 있어서 짧은 시간에 많은 실을 만들어 냈어.

수력 방적기는 뭔가요?

수력 방적기는 물의 힘을 이용해서 작동시키는 방적기야. 사람이 직접 돌리는 방적기보다 일손이 덜 들고 빨리 작업할 수 있었어.

#손으로 돌려 실을 뽑는 물레 #기계로 실을 뽑는 방적기

아크라이트

## 빠른 속도로 실을 생산하는 방적기

우리나라에서는 문익점의 손자인 문래가 목화에서 실을 짜내는 물레를 발명했어. 문익점이 들여온 목화씨와 문래의 물레로 겨울에도 따뜻한 옷을 입게 되었지. 서양에서도 솜으로 옷을 만들어 입었어. 그런데 솜으로 만든 면은 만드는 데 많은 작업이 필요해서 값이 비쌌어.

"제가 발명한 수력 방적기로 특허를 신청합니다."

영국의 리처드 아크라이트는 기존의 기계들을 결합해 아주 효율적인 방적기를 만들었어. 이 방적기는 수력을 사용해 빠른 속도로 작업할 수 있었어. 아크라이트는 커다란 공장을 세우고 수력 방적기로 질 좋은 실을 생산했어. 덕분에 사람들은 면 옷을 싼값에 살 수 있게 되었단다.

## keyword 65 증기 기관

발명

운동과 에너지 > 5-2 3. 물체의 운동

> 증기의 열에너지를 운동 에너지로 전환하는 증기 기관은 산업 혁명에 큰 영향을 끼쳤다.

**증기 기관이 뭐예요?**

물을 끓이면 물이 수증기로 변하여 기체로 변하게 돼. 이 수증기를 이용해 물체를 움직이도록 만든 것이 증기 기관이야.

**수증기로 어떻게 물체를 움직이나요?**

수증기가 압축하고 팽창하는 힘을 이용하는 거야. 뜨거워지면서 팽창하는 수증기의 압력으로 피스톤을 밀어냈다가, 증기를 다시 차갑게 응축시켜서 압력을 떨어뜨려 피스톤이 제자리로 돌아오게 하는 거지.

#물을 끓여서 기차를 움직이다니 #놀라운 물의 힘

제임스 와트

## 증기 기관에 관한 최초의 특허를 받다

"뉴커먼 기관의 모형을 수리해 주세요."

영국의 발명가 제임스 와트는 이런 부탁을 받았어. 뉴커먼 기관은 지하 깊은 곳에 있는 물을 끌어 올리는 데 쓰던 기계인데, 대학교 수업 시간에 사용하던 모형이 고장 나 그에게 수리를 요청한 거야.

와트는 고장의 원인을 찾다가 뉴커먼 기관을 작동시키는 데 석탄이 너무 많이 들어간다는 사실을 알아냈어. 그래서 5년을 연구한 끝에 1769년 '화력 기관에서 증기와 연료의 소모를 줄이는 방법'으로 특허를 받았지. 그 뒤에 매튜 볼턴이라는 사업가와 함께 볼턴&와트 회사를 세워서 새로운 증기 기관을 생산했어. 와트의 업적은 기존에 있던 증기 기관을 획기적으로 개선하여 그 용도를 확대시킨 데 있단다.

141

운동과 에너지 > 5-2 3. 물체의 운동

## keyword 66 블랙박스

교통사고의 정확한 원인을 밝히기 위해 경찰은 블랙박스에 기록된 사고 영상을 분석하고 있다.

**블랙박스가 뭐예요?**

블랙박스는 비행기의 주행 자료를 자동으로 기록하는 장치야. 고도, 속력, 항로뿐 아니라 조종실의 음성도 녹음되지. 사고가 났을 때는 원인을 밝히기 위한 자료로 쓰인단다. 지금은 자동차에도 블랙박스를 많이 달고 있어.

**블랙박스는 비행기의 어디에 있나요?**

비행기 사고가 나면 보통 꼬리 부분이 충격을 가장 덜 받는다고 해. 그래서 블랙박스는 비행기의 꼬리 날개에 있어. 그리고 비행기의 블랙박스는 검은색이 아니라 주황색이야.

#블랙박스가 주황색이라니 #이름 바꿔야 하는 거 아니야?

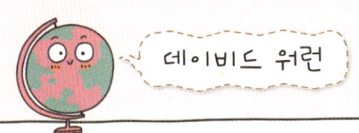  데이비드 워런

# 비행기 사고의 원인을 알려 주는 상자

호주의 과학자 데이비드 워런은 어릴 때 아버지가 비행기 추락 사고로 돌아가셨어. 그래서 항공 사고의 원인 분석에 관심이 많았지. 워런이 호주의 항공과학기술연구소에서 일하던 1953년 세계 최초의 제트 여객기가 추락하는 사고가 발생했어.

"왜 사고가 났을까? 사고 원인을 알아낼 수 있는 장치를 만들어야겠어."

3년의 연구 끝에 워런은 비행기의 고도와 속도 등을 분석해 금속 테이프에 기록하는 장치를 발명했어. 그 뒤에 조종사와 관제탑의 교신 내용을 녹음하는 장치도 추가했지. 워런이 만든 초기 블랙박스는 4시간 분량의 자료를 기록할 수 있었지만, 지금은 400시간 이상의 자료를 기록할 수 있단다.

운동과 에너지 > 5-2 3. 물체의 운동

keyword **67** 내비게이션

내비게이션이 실시간으로 교통 상황을 반영해 가장 빠른 길을 안내해 주었다.

 내비게이션이 뭐예요?

내비게이션은 자동차로 이동할 때 빠른 길을 찾아 주는 장치야. 목적지까지 이동하는 경로와 예상 도착 시간을 알려 주지.

내비게이션은 어떻게 빠른 길을 찾아요?

내비게이션에는 정확한 지도 정보가 들어 있어. 또 인공위성으로 자신의 위치를 알아내는 GPS(위성위치확인시스템) 신호로 현재 자동차의 위치를 파악하고, 실시간 교통 정보를 반영해서 빠른 길을 찾아 보여 준단다.

 #내 위치 엄마한테 알려 주는 휴대폰 #내비게이션이랑 비슷하네

혼다·이택

# GPS 위성과 내비게이션

최초의 내비게이션은 1981년에 일본의 자동차 업체 혼다가 발명한 자이로게이터야. 자이로게이터는 필름 지도에 위치를 알려 주는 장치였어. 4년 뒤 미국의 자동차 용품 업체 이택에서 전자 나침반과 바퀴에 달린 센서로 작동하는 최초의 전자식 내비게이션을 발명했어. 하지만 이런 내비게이션들은 값이 비싸고 정확하지도 않았단다.

많은 사람들이 내비게이션을 쓰게 된 것은 GPS 위성을 사용하게 되면서부터 야. GPS 위성은 원래 미국이 군사적인 목적으로 쏘아 올린 것인데 2000년부터 일반인들도 사용할 수 있게 되었어. 덕분에 정확한 내비게이션을 좀 더 저렴한 가격에 이용할 수 있게 되었단다.

운동과 에너지 > 5-2 3. 물체의 운동

### keyword 68 에스컬레이터

발명

> 백화점, 쇼핑센터, 지하철역 등에 설치된 에스컬레이터는 사람들의 이동을 편리하게 만들었다.

**에스컬레이터는 어떻게 움직이나요?**

에스컬레이터 내부는 자전거처럼 위쪽과 아래쪽 두 개의 회전 기어에 걸려 있는 체인이 있어. 이 체인에 계단이 고정되어 있단다. 모터가 기어를 돌리면 체인이 돌아가면서 체인에 고정된 계단도 같이 움직이게 되지.

**난간은 에스컬레이터랑 붙어 있지 않나요?**

에스컬레이터에 있는 난간은 다른 모터로 움직여. 안전을 위해 에스컬레이터와 난간은 같은 방향과 같은 속도로 움직이게 만들었단다.

#에스컬레이터에서 장난 치면 #계단보다 위험해

 리노·휠러

# 신기하고 무서운 계단

1892년 미국의 제시 리노와 조지 휠러는 에스컬레이터 만드는 방법을 고안해 특허를 신청했어. 오티스라는 회사에서 이 특허를 사서 상점에 최초의 에스컬레이터를 만들었지. 10년 뒤에는 영국 런던의 지하철에 에스컬레이터가 설치되었어. 사람들은 움직이는 계단을 신기해하면서도 무서워서 타지 않으려 했어.

"저는 다리가 불편한 사람이에요. 제가 한번 타 보겠습니다."

의족을 한 사람이 에스컬레이터를 타자 사람들이 따라서 타기 시작했어. 지금은 사람이 많이 오가는 곳에는 꼭 에스컬레이터가 설치되어 있을 만큼 편리하게 이용하고 있지.

운동과 에너지 > 5-2 3. 물체의 운동

keyword 69

## 에어백

발명

에어백은 자동차의 안전벨트와 함께 사고 시 탑승자를 보호하는 장치이다.

에어백이 뭐예요?

에어백은 자동차가 어딘가에 충돌할 때 순간적으로 공기주머니가 부풀어져 나와 탑승자를 보호하는 장치야.

에어백이 어떻게 탑승자를 보호하나요?

에어백이 순간적으로 부풀어 오르면 탑승자는 에어백에 부딪히게 돼. 딱딱한 운전대나 깨질 수도 있는 유리가 아니라 공기주머니에 부딪히는 거라서 보다 안전하지. 또, 에어백이 공간을 채워 주어 몸이 꺾이지 않기 때문에 부상을 막을 수 있단다.

 #에어백 터지는 거 보고 싶다고 했다가 #아빠한테 혼났어

 존 헤트릭

## 생명을 구하는 공기주머니

1952년 미국인 존 헤트릭은 가족과 함께 자동차를 타고 가고 있었어. 그런데 갑작스럽게 장애물을 발견하고 급히 브레이크를 밟았지.

"위험해!"

헤트릭과 부인은 딸을 보호하려고 동시에 손을 뻗었어. 다행히 딸은 크게 다치지 않았지만, 이 사고를 계기로 자동차의 안전 장치에 관심을 갖게 되었어. 헤트릭은 미국 해군에서 기술자로 일할 때 보았던 압축 공기 지뢰를 떠올렸어.

"압축 공기가 순식간에 터져 나오는 지뢰처럼 한순간에 부풀어 오르는 공기주머니를 만들면 위험한 순간에 아이를 보호할 수 있지 않을까?"

1953년 에어백을 발명한 헤트릭은 특허를 받아. 에어백은 지금까지도 많은 사람들의 생명을 구하고 있단다.

물질 > 5-2 4. 산과 염기

keyword 70

# 제산제

발명

속이 쓰릴 때 제산제를 먹으면 위액의 산성이 약해져 속 쓰림이 줄어든다.

가끔 속이 쓰린 이유가 뭔가요?

우리가 음식을 먹으면 음식물을 소화시키기 위해 위산이 나와. 그런데 위산은 강한 산성이어서 간혹 너무 많이 나오거나, 위가 비어 있을 때 나오면 속이 쓰리단다.

제산제는 어떻게 위액의 산성을 약하게 만드나요?

제산제에는 염기성 물질이 들어 있어. 염기성은 산성과 반대되는 성질이어서 두 물질이 섞이면 산성이 약해지는 거야.

#굶었을 때 속 쓰린 건 #위산 때문이구나

## 6천 년 전부터 먹던 약

약 6천 년 전 고대 수메르 지역(지금의 이라크 지역)에 살던 사람들은 속이 쓰릴 때 우유나 박하잎, 탄산수소나트륨을 먹었어. 이것들이 위액의 산성을 약화시키는 제산제 역할을 했지. 특히 베이킹 소다라고 하는 탄산수소나트륨은 약한 염기성을 띠는 물질인데, 지금도 제산제의 주요 성분으로 쓰인단다. 제산제의 발명가로 알려진 사람은 미국의 찰스 필립스야. 필립스는 1873년 '필립스 밀크 오브 마그네시아'라는 제산제를 만들었어. 우유 빛깔이 나는 액체인데 파란색 병에 담아 팔았지. 이 약은 지금도 미국에서 같은 이름으로 팔리고 있단다.

물질 > 5-2 4. 산과 염기

## keyword 71 토마토케첩

토마토케첩은 산성인 토마토를 주재료로 만들어서 산성을 띤다.

토마토케첩이 산성인지 어떻게 알 수 있어요?

산성 용액은 푸른색 리트머스 종이를 붉은색으로 변화시켜. 토마토케첩을 푸른색 리트머스 종이에 묻히면 종이가 붉게 변하기 때문에 토마토케첩이 산성이라는 것을 알 수 있어.

또 다른 산성 음식에는 뭐가 있나요?

주로 신맛 나는 음식에 산성이 많아. 레몬즙, 식초, 사과 주스, 사이다가 모두 산성이야. 먹는 음식은 괜찮지만 강한 산성 용액이 피부에 닿으면 위험하니까 조심해야 해.

#사과 주스도 사이다도 #맛있는 산성 액체

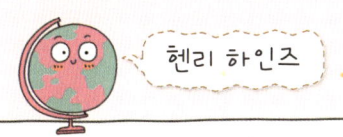 헨리 하인즈

# 맛있는 토마토케첩의 발명

미국의 헨리 하인즈는 어릴 때부터 자기 집 텃밭의 채소를 팔아 수익을 남길 만큼 사업가로서의 재능이 있었어. 훗날 친구와 함께 피클 회사를 차렸는데, 아주 잘 팔렸지. 그런데 미국 경제가 어려워지면서 회사 문을 닫게 되었어.

"한 가지 제품으로는 사업에 성공할 수 없구나. 사람들이 좋아하는 제품을 계속 연구해야겠어."

그렇게 나온 신상품이 토마토에 식초, 소금 등을 넣어서 소스로 만든 토마토케첩이야. 하인즈는 사람들이 신뢰할 수 있도록 토마토케첩을 유리병에 담아 팔아서 다시 성공할 수 있었단다.

탐구 〉 6-1 1. 과학자처럼 탐구해 볼까요?

keyword 72 **날개 없는 선풍기**  발명

날개 없는 선풍기는 비행기의 제트 엔진 원리를 이용한다.

**제트 엔진이 뭔가요?**

제트 엔진은 비행기가 앞으로 나아갈 수 있도록 추진력을 주는 엔진이야. 날개를 돌려 공기를 빨아들인 뒤 연료를 섞어 태워서 뜨겁게 한 다음 다시 밖으로 배출하면서 추진력을 만들지.

**날개 없는 선풍기는 제트 엔진을 어떻게 따라 했나요?**

날개 없는 선풍기는 받침대에 작은 모터와 날개가 있어. 이 날개가 돌아가면서 바깥 공기를 빨아들인 뒤 위쪽의 동그란 고리로 올려 보내면 고리 안쪽의 작은 틈으로 이 공기가 빠져나오면서 바람이 생기는 거야.

#날개가 없어도 바람이 나와 #마술 같은 과학

 제임스 다이슨

## 거꾸로 생각하면 또 다른 아이디어가

"전기를 사용한 최초의 선풍기는 1882년에 발명되었다. 날개를 이용한 그 방식은 127년간 변하지 않았다."

영국의 가전 제품 기업인 다이슨 본사에 가면 이런 글을 볼 수 있어. 사람들은 선풍기에 날개가 있는 걸 당연하게 생각하지만, 다이슨의 창업자 제임스 다이슨은 거꾸로 생각했어. 그래서 날개 없는 선풍기를 만들었고, 더 이상 선풍기 날개에 아이들이 손가락을 다치지 않게 되었지. 다이슨이 회사를 세우고 가장 먼저 만든 제품도 먼지 봉투가 필요 없는 청소기였어. 다이슨은 그 밖에도 날개 없는 온풍기, 소음이 나지 않는 드라이어 등 일반적인 상식을 깨는 다양한 제품들을 생산했단다.

지구와 우주 > 6-1 2. 지구와 달의 운동

## keyword 73 지구의

발명

지구의를 보면 평면 지도와 달리 아메리카와 아프리카가 이웃해 있음을 알 수 있다.

지구의와 평면 지도는 어떤 차이가 있나요?

둥근 지구를 평면 지도로 표현하면 실제 모습과는 많이 달라져. 극지방은 실제보다 커지고, 방향과 거리도 실제와는 달라지지. 지구의는 지구의 모습을 그대로 본떠서 거리, 방위, 면적이 실제와 똑같은 비율로 표현이 돼.

그러면 평면 지도보다 지구의가 좋은 건가요?

각각의 장단점이 있어. 지구의는 평면 지도처럼 크게 만들기가 어렵고 가지고 다니기도 불편해. 또 한눈에 세계를 볼 수가 없지. 그러니까 쓰임새에 따라 필요한 지도를 사용하면 돼.

#평면 지도가 실제와 다르다니 #속은 기분이야

마르틴 베하임

# 정확한 지도를 위해 만든 지구의

독일의 탐험가인 마르틴 베하임은 자신의 탐험을 위해 지구의를 만들기 시작했어. 배를 타고 탐험을 하려면 정확한 지도가 필요한데 종이 지도는 방향이나 거리 등이 정확하지 않았거든. 베하임은 자신이 탐험하지 않은 곳도 지구의에 표현하기 위해 여러 책들을 보며 공부했어. 마르코 폴로의 책을 보고 아시아 동쪽을 그리고, 디아스의 항해 결과를 보고 아프리카를 그렸지. 1492년에 베하임이 만든 지구의는 현재 남아 있는 지구의 중에 가장 오래된 거야. 독일 뉘른베르크 박물관에 있지. 그런데 당시에는 미국과 오스트레일리아의 존재를 몰랐기 때문에 베하임의 지구의에는 이 나라들이 없단다.

지구와 우주 〉 6-1 2. 지구와 달의 운동

keyword 74
## 자오선

발명

영국 그리니치 천문대를 지나는 자오선은 시각의 기준이 된다.

자오선이 뭐예요?

우리가 하늘을 볼 때 북쪽에서부터 남쪽까지 이은 가상의 선이야. 지구의 자전으로 나라마다 시간 차이가 생기는데, 이 자오선을 기준으로 시간을 정하고 있어.

자오선이 어떻게 시각의 기준이 되나요?

지구 위의 위치를 나타내기 위해 위도와 경도를 써. 위도는 적도를 0도로 해서 가로로 되어 있고, 경도는 그리니치 천문대를 지나는 본초 자오선을 0도로 해서 세로로 되어 있어. 본초 자오선을 기준으로 삼은 것이 세계시이고, 경도 15도마다 세계시와 1시간씩 차이가 난단다.

#외국과 시차가 생기는 이유 #이제 알았어

## 서로 다른 시간을 통일시키다

철도가 발달하면서 사람들은 아주 먼 곳까지 여행을 하게 되었어. 그런데 지역마다 서로 다른 시간을 쓰면서 곤란한 상황이 생기곤 했지.
"출발 시각은 오후 3시이고, 도착 시각은 오후 8시입니다."
"도착 시각이 오후 8시가 아니라 오후 7시예요."
철도 회사들은 서로 다른 시간을 통일해야겠다고 생각했어.
"지구는 24시간에 한 번씩 자전합니다. 경도 360도를 24로 나누면 15도니까 15도마다 1시간씩 차이를 두는 게 어떨까요?"
1884년 영국의 샌드퍼드 플레밍은 국제 자오선 학회에서 이렇게 제안했어. 그리고 기준이 되는 자오선으로 그리니치 자오선을 선택했단다.

물질 〉 6-1 3. 여러 가지 기체

### keyword 75 고무 타이어

 발명

바람 빠진 자전거 타이어에 공기를 넣었더니 다시 잘 달렸다.

타이어에 왜 공기를 넣나요?

공기는 기체인데, 기체 입자는 서로 멀리 떨어져 있어서 적은 무게로도 많은 공간을 채울 수 있어. 가벼운 공기로 타이어를 채우면 딱딱하고 무거운 바퀴보다 힘이 덜 들고 부드럽고 빠르게 앞으로 나아갈 수 있지.

기체 입자는 왜 서로 멀리 떨어져 있어요?

기체 입자는 아주 가볍고 크기가 작아서 작은 힘으로도 빠르게 운동하기 때문이야. 가령, 산소는 평균 1초에 480미터를 움직일 정도로 빨라. 그래서 서로 멀리 떨어져 있게 되는 거야.

 #1초에 480미터 움직이는 산소 #완전 달리기 선수네

 존 보이드 던롭

# 안전한 고무 타이어의 탄생

예전에는 자전거 바퀴를 딱딱한 철로 만들었어. 그래서 작은 충격에도 크게 흔들리거나 넘어졌지. 수의사였던 존 보이드 던롭은 아들이 자전거를 타다가 자주 다치는 것을 보고 좀 더 안전한 바퀴를 만들기로 했어.

이런저런 궁리 끝에 말랑말랑한 고무를 바퀴에 씌워 보았지. 전보다 나아지긴 했지만 만족스럽지 않았어. 그러던 어느 날 아들의 축구공에 공기를 넣다가 새로운 아이디어가 떠올랐어.

"그래, 고무를 씌운 바퀴 안에 공기를 넣어 보는 거야!"

1888년 던롭은 바퀴에 고무를 씌우고 그 안에 공기를 채우는 타이어를 발명해 특허를 냈어. 그 뒤에 회사를 차린 던롭은 자전거와 자동차 회사에 고무 타이어를 팔면서 세계적인 타이어 회사로 성장했단다.

물질 > 6-1 3. 여러 가지 기체

## keyword 76 콜라 🔍발명

콜라를 세게 흔든 뒤 뚜껑을 열면 탄산가스 때문에 콜라가 뿜어져 나온다.

**탄산가스가 뭐예요?**

탄산가스는 이산화탄소를 말해. 탄산가스를 물에 녹여서 톡 쏘는 맛을 낸 음료를 탄산음료라고 해. 콜라, 사이다가 탄산음료야.

**콜라를 흔들어서 따면 왜 뿜어져 나오나요?**

탄산음료는 이산화탄소를 압축해서 물에 녹여 놓았어. 그래서 조그만 움직임에도 이산화탄소가 크게 움직이게 돼. 그런 상태에서 뚜껑을 열면 이산화탄소가 빠르게 빠져나오면서 콜라가 뿜어져 나오는 거야.

 #콜라 흔들어서 뚜껑 따면 #폭죽처럼 터질 거야

## 전 세계에서 사랑받는 탄산음료

1886년 미국의 약사 존 펨버턴은 탄산수에 코카나무 잎과 콜라나무 껍질에서 뽑아 낸 물질을 넣어 음료를 만들었어. 이 음료는 처음에 잘 팔리지 않았어. 그런데 제약 도매업을 하던 에이서 캔들러가 이 음료를 마셔 보고 이런 생각을 했어.

'여기에다 몇 가지 첨가물을 넣어 맛을 좋게 하면 많이 팔리지 않을까?'

캔들러는 이 음료에 대한 모든 권리를 사서 코카–콜라 컴퍼니를 설립했어. 그리고 지금까지도 많은 사랑을 받는 코카콜라가 발명되었지. 콜라병의 디자인도 캔들러가 높은 포상금을 걸고 벌인 공모전에서 탄생했단다.

생명 > 6-1 4. 식물의 구조와 기능

### keyword 77 티슈

두루마리 휴지는 물에 잘 풀려 변기에 버려도 되지만, 티슈는 물에 잘 풀리지 않으므로 변기에 버려서는 안 된다.

티슈는 왜 물에 잘 풀리지 않나요?

두루마리 휴지는 나무뿌리에서 뽑아낸 셀룰로오스로만 만들기 때문에 물에 넣으면 잘 풀려. 하지만 티슈는 셀룰로오스에 특수한 물질들을 섞어서 만들기 때문에 물에 잘 풀리지 않아.

셀룰로오스가 뭐예요?

셀룰로오스는 식물의 세포벽을 이루는 물질이야. 섬유소라고도 해. 종이나 휴지, 천을 만드는 데 쓰이지.

 #그동안 모르고 변기에 넣은 티슈 #다 어떻게 됐을까?

크리넥스

## 주머니에 감기를 넣고 다니지 마세요

제1차 세계 대전 때 다친 사람들을 치료하는 데 쓰던 붕대나 솜, 거즈가 많이 부족했어. 이때 미국의 킴벌리클라크 회사에서 나무의 섬유소를 재료로 셀루코튼을 발명했어. 셀루코튼은 흡수성이 좋아서 솜 대신 사용했지.

전쟁이 끝나자 킴벌리클라크에서는 셀루코튼을 종잇장처럼 얇게 만들어 일회용 미용 티슈로 개발해서 '크리넥스'라는 이름으로 팔았어. 하지만 잘 팔리지 않았지. 마침 감기에 걸린 사람들이 손수건을 쓰고 다시 주머니에 넣는 것을 보고 새로운 광고를 만들었어.

"주머니에 감기를 넣고 다니지 마세요."

그 뒤에 일회용 크리넥스는 엄청나게 팔렸단다.

생명 > 6-1 4. 식물의 구조와 기능

keyword 78

# 가황 고무

천연고무는 고무나무에서 나오는 수액을 굳게 하여 만드는데, 고무에 유황을 넣으면 가황 고무가 된다.

가황 고무가 뭐예요?

고무에 유황을 넣고 가열하여 탄력성 있게 만든 고무를 말해. 자동차 타이어나 물놀이용 튜브, 호스 등을 만드는 데 쓰이지.

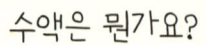
수액은 뭔가요?

수액은 식물의 뿌리에서 줄기를 지나 잎으로 가는 액체야. 예전부터 수액을 채취해서 먹거나 약으로 쓰거나 다른 여러 용도로 썼어. 페인트나 구두약 등에 쓰이는 송진은 소나무나 잣나무의 수액이고, 고무는 고무나무 수액을 굳혀서 만든 거야.

 #사과나무에는 사과 #고무나무에는 고무가 열리는 거 아니었어?

## 난로에 떨어뜨린 고무가 발명품으로

고무는 탐험가 콜럼버스가 아이티섬의 원주민 아이들이 가지고 노는 고무공을 보고 유럽으로 처음 가져왔다고 알려져 있어. 미국의 발명가 찰스 굿이어는 고무의 성질을 개선시키기 위해 노력했어.

"고무는 사용하기가 힘들어. 여름엔 녹아서 끈적이고, 겨울엔 굳어서 깨진단 말이야."

어느 겨울날 실험을 하던 굿이어는 유황이 묻은 고무가 뜨거운 난로 위에 떨어진 뒤 탄력이 생기고 온도 변화에도 강해진다는 사실을 알게 되었어. 그는 가황 고무를 만드는 적당한 온도를 알아내고 고무와 황의 비율을 찾아 특허를 신청했어. 1898년 그의 이름을 딴 타이어 회사가 설립되었고, 지금까지 이어지고 있어.

생명 〉 6-1 4. 식물의 구조와 기능

keyword 79

# 현미경

발명

현미경을 이용하여 식물 세포가 어떻게 생겼는지 관찰할 수 있다.

현미경이 뭔가요?

현미경은 맨눈으로는 볼 수 없을 만큼 아주 작은 물체를 확대해서 보는 기구야. 볼록 렌즈 두 개로 물체를 두 번 확대시켜서 보여 주지. 렌즈 두 개를 이용하기 때문에 빛이 많이 필요해서 현미경에는 따로 조명 장치가 있어.

볼록 렌즈 두 개로 확대하면 얼마나 크게 보이나요?

물체는 렌즈 두 개의 배수만큼 크게 보여. 가령 눈으로 보는 쪽의 접안 렌즈가 4배이고, 물체를 보는 쪽의 대물 렌즈가 10배라면 4×10=40배가 돼. 대신 크게 확대할수록 어둡게 보인단다.

#작은 것을 확대하는 현미경 #볼록 렌즈가 두 개

## 눈으로 볼 수 없는 미생물을 보다

네덜란드의 레이우엔훅은 주변의 아주 작은 물건을 살펴보는 데 관심이 있었어. 그래서 현미경을 만들기 위해 렌즈를 연마하는 방법을 배웠지. 게다가 금속에 렌즈를 붙이기 위해 금속 세공술까지 배웠단다. 레이우엔훅은 필요한 기술을 다 익힌 뒤에 400개가 넘는 현미경을 만들었어. 그리고 자신이 발명한 현미경으로 눈으로는 볼 수 없는 미생물을 관찰하게 되었지. 여러 미생물들을 관찰하고 나서 그는 이렇게 말했단다.
"내 입 속에는 네덜란드 국민의 수보다 더 많은 미생물들이 살고 있어요."

운동과 에너지 > 6-1 5. 빛과 렌즈

keyword 80

# 콘택트렌즈

발명

> 콘택트렌즈는 근시와 원시의 시력을 교정하면서 안경의 불편함을 해결해 준 발명품이다.

**근시와 원시가 뭐예요?**

근시는 멀리 있는 물체가 선명하게 보이지 않는 것이고, 원시는 가까이 있는 물체가 선명하게 보이지 않는 거야. 콘택트렌즈는 안경 대신 눈의 각막에 직접 붙여서 시력을 교정하는 렌즈야.

**콘택트렌즈가 어떻게 시력을 교정하나요?**

우리의 눈은 빛을 모아 초점을 맞춰서 상을 맺어. 그런데 물체의 상이 망막의 앞이나 뒤에 맺혀서 상이 또렷하지 않으면 사물이 잘 보이지 않아. 렌즈는 우리 눈이 초점을 잘 맞춰 또렷이 상을 맺을 수 있도록 도와 준단다.

#안경 쓰는 게 나아 #콘택트렌즈는 무서워

## 안경을 눈에 넣는다고요?

안경의 발명은 시력이 좋지 않은 사람들에게 밝고 또렷한 세상을 선물해 주었어. 하지만 사람들은 안경보다 더 좋은 것을 만들고 싶어 했지. 1880년대에 안과 의사였던 아돌프 픽과 오이게네 칼트는 콘택트렌즈를 발명했어. 처음 만든 콘택트렌즈는 유리였기 때문에 굉장히 아프고 눈이 다치기도 쉬웠어. 그래도 많은 사람들이 콘택트렌즈를 찾았지. 그 뒤 콘택트렌즈의 단점이 개선된 부드러운 재질의 소프트렌즈가 개발되면서 더 많은 사람들이 사용하고 있단다.

운동과 에너지 〉 6-1 5. 빛과 렌즈

keyword 81 **광섬유**  발견

광섬유는 주로 통신 장비로 쓰이지만 최근에는 빛을 이용한 장식에도 많이 쓰인다.

광섬유가 뭐예요?

광섬유는 빛을 전달하는 데 사용하는 아주 가느다란 유리 섬유야. 빛의 반사와 굴절을 이용해 한쪽에서 다른 쪽으로 손실 없이 빛을 전달시키지.

빛의 반사와 굴절은 무엇인가요?

빛의 반사는 일정한 방향으로 나아가던 빛이 거울 같은 다른 물체에 부딪혀서 방향을 반대로 바꾸는 현상이야. 빛의 굴절은 물에 발을 담그면 휘어 보이는 것처럼 빛이 어떤 물질에서 다른 물질로 들어갈 때 그 경계면에서 나아가는 방향이 꺾이는 현상을 말해.

 #빛이 튕겨 나가는 반사 #꺾여 들어가는 굴절

## 빛을 유리 섬유에 가두어 빠르게 전달한다

영국의 물리학자 틴들은 실험 도중 물탱크에서 뿜어져 나오는 물줄기 안으로 빛을 비추었어. 그랬더니 빛이 굴절되지 않고 물줄기를 따라 같이 이동하는 게 아니겠어? 마치 물줄기 안에 빛이 갇힌 것 같았지. 이 현상은 오늘날 광섬유를 만드는 원리가 되었어. 광섬유는 가느다란 섬유 안에 빛을 가두어서 전달하는 것이거든. 광섬유는 초기에는 인체 내부를 관찰하는 내시경에 사용되었어. 지금은 전기 신호를 빛으로 바꾸어 데이터를 빠르게 보내는 통신용 케이블로 많이 이용되고 있단다.

운동과 에너지 > 6-1 5. 빛과 렌즈

### keyword 82
# X선

발견

X선의 발견으로 방사선과 전자를 발견할 수 있었으며, 환자의 병을 치료하는 방사선 치료법도 개발되었다.

 **X선이 뭐예요?**

X선은 우리 눈에는 보이지 않는 빛인데, 물질을 잘 통과하는 성질이 있어. 그런데 우리 몸의 피부는 통과하지만 뼈는 통과하지 못하기 때문에 병원에서 이 X선으로 뼈 사진을 찍어.

**X선으로 어떻게 병을 치료하나요?**

X선은 방사선의 하나야. 방사선은 우리 몸을 통과하면서 세포를 죽이거나 변형을 일으켜. 그래서 이 방사선을 암 세포에 쪼여서 죽게 하는 거야. 방사선은 세포를 죽일 정도로 위험한 물질이기 때문에 조심해서 잘 사용해야 해.

 #뼈 사진도 찍고 암 세포도 죽이고 #능력 많은 X선

뢴트겐

## 몸속 뼈 사진을 찍는 X선

1895년 실험을 하던 빌헬름 콘라트 뢴트겐은 정체 모를 새로운 빛을 발견했어. X선이라 이름 붙인 이 빛은 두꺼운 책이나 나무 등은 통과하지만 밀도가 높은 납 같은 것은 통과하지 못했어. X선으로 실험을 하던 뢴트겐은 아내의 손을 놓고 X선을 쬐어 사진을 찍었어. 그랬더니 뼈의 모습이 찍혔지 뭐야. 뢴트겐은 X선의 발견으로 최초의 노벨 물리학상을 받았어.
"X선은 제가 발명한 것이 아니라 원래 있던 것을 발견한 것에 지나지 않습니다. 그러니 온 인류가 공유해야 합니다."
뢴트겐은 모든 사람들이 쓸 수 있도록 X선에 특허를 신청하지 않았단다.

운동과 에너지 > 6-2 1. 전기의 이용

keyword 83

# 전구

발명

전지, 전구, 전선을 연결하면 전구에 불을 켤 수 있다.

전구는 어떤 원리로 불이 켜지나요?

전구는 유리로 된 공 안에 실처럼 가느다란 필라멘트를 넣어서 만들어. 이 필라멘트에 전류를 흐르게 해서 아주 뜨거운 온도로 가열하여 빛이 나게 하는 거야.

필라멘트가 뭔가요?

필라멘트는 전구 속에 있는 가느다란 금속 선이야. 높은 온도에도 잘 녹지 않는 텅스텐이나 니켈 등으로 만들어. 하지만 오래 사용하면 점점 증발하여 가느다랗게 되다가 끊어지게 돼. 전구에 불이 들어오지 않으면 필라멘트가 끊어진 거야.

#가느다란 필라멘트 #전구의 핵심이었네

 에디슨·스완

## 값싸고 오래가는 전구를 상품으로

발명왕 에디슨은 특허 수가 무려 1천 종이 넘어. 그 많은 발명품 가운데 특히 유명한 것이 전구야. 사실 전구는 에디슨 이전에 다른 발명가들이 여러 형태로 만들었는데, 제대로 쓰이지 못하고 있었어. 빛이 오래가지 않고 비쌌거든.

1879년 에디슨은 탄소 필라멘트를 이용해 40시간 이상 꺼지지 않고 빛을 내는 전구를 만들었어. 에디슨은 비슷한 시기에 자신처럼 백열등을 발명한 영국의 조지프 스완과 전구 회사를 세웠어. 그렇게 나온 백열전구는 대성공이었지. 에디슨이 전구를 처음 만든 것은 아니지만 실생활에 쓸 수 있는 상품으로 만들었기 때문에 유명해졌단다.

운동과 에너지 〉 6-2 1. 전기의 이용

## keyword 84 전기 회로 장난감

장난감에 전기 회로를 활용함으로써 스스로 움직이고, 빛을 발하고, 소리를 내는 다양한 장난감이 만들어졌다.

전기 회로는 어떻게 만드나요?

전기 회로를 만들려면 전지, 전구, 전선, 스위치가 필요해. 전지에서 출발한 전류가 전선을 통해 전구를 거쳐 다시 전지로 돌아오도록 연결하면 돼. 스위치는 전원을 끊었다 이었다 하는 장치야.

전기 회로 장난감을 만지면 감전이 되나요?

그렇지 않아. 전류는 전선을 통해 흐르는데, 전기가 통하는 구리나 알루미늄을 전기가 통하지 않는 고무나 에나멜로 감싸서 전선을 만들거든. 그래서 전선이나 전기 회로 장난감을 만져도 감전되지 않아.

 #전기로 움직이는 장난감 #우리 집에도 있어

마부치

## 더 오래 움직이면 훨씬 더 재밌어

일본의 발명가 마부치는 당시에 유행하던 장난감에 푹 빠져 있었어. 태엽을 돌리면 프로펠러가 2분 정도 빙글빙글 돌아가는 장난감 비행기였지. 마부치는 장난감을 가지고 놀다 새로운 생각을 하게 되었어.

"이 프로펠러가 더 오래 돌아가면 훨씬 재미있을 텐데……."

마부치는 태엽을 빼고 전지를 넣어 실험을 해 보았어. 그랬더니 장난감 비행기의 프로펠러가 전지 하나로 열 시간이나 돌아갔지. 마부치는 곧바로 전지 넣는 장난감으로 특허를 얻었어. 그리고 장난감 비행기 회사였던 노무라 토이 회사를 찾아갔어. 회사의 사장은 그 자리에서 특허권을 사서 전지 넣는 장난감을 만들었단다.

운동과 에너지 〉 6-2 1. 전기의 이용

### keyword 85 트랜지스터  발명

한국전자통신연구원은 고전압에서도 망가지지 않는 트랜지스터를 개발하였다.

**트랜지스터가 뭐예요?**

트랜지스터는 일정한 전기의 세기를 강하게 만들어 주는 장치야. 소리를 키우는 마이크와 같다고 보면 돼.

**어떻게 전기의 힘이 더 강해지나요?**

트랜지스터는 다리가 세 개 있는데, 그중 가운데 다리가 밸브 같은 역할을 해. 물이 흐를 때 밸브를 열면 물이 세게 흘러나오는 것처럼 전기가 가운데 다리 부분을 통과하면서 증폭이 되지.

 #전기를 강하게 하는 트랜지스터 #트랜스포머랑 헷갈려

쇼클리·바딘·브래튼

# 손가락보다 작은 혁신적인 발명품

1930년대 미국의 벨 연구소를 이끌고 있던 머빈 켈리는 장거리 전화가 가능하도록 신호를 증폭시키는 장치가 필요하다고 생각했어.

"반도체 증폭기를 제작한 윌리엄 쇼클리, 세심하고 꼼꼼한 존 바딘, 실험을 잘하는 월터 브래튼. 세 사람이 신호를 멀리까지 보낼 장치를 만들어 보세요."

그들은 2년의 연구 끝에 전기 신호를 증폭시킬 수 있는 아주 작은 장치를 발명했어. 이것이 바로 트랜지스터야. 1956년 세 사람은 공동으로 노벨상을 수상했어. 작고, 가볍고, 전력 소비가 적은 트랜지스터는 오늘날 컴퓨터, 라디오, 텔레비전 등의 발달을 가져온 혁신적인 발명품이란다.

운동과 에너지 > 6-2 1. 전기의 이용

### keyword 86 주파수

라디오의 주파수를 맞추었더니 평소에 듣던 라디오 방송이 흘러나왔다.

주파수가 뭐예요?

주파수는 전파나 음파가 1초 동안에 진동하는 횟수야. 주파수를 달리하여 각기 다른 신호를 보낼 수 있어. 가령 라디오의 주파수는 89.1, 91.9, 107.7처럼 각기 다른 주파수에서 다른 방송이 나와. TV 채널도 주파수를 이용하는 거야.

높은 주파수와 낮은 주파수는 어떤 특징이 있나요?

높은 주파수 대역은 한 번에 많은 정보를 전달할 수 있지만 멀리 가지 못하고, 낮은 주파수 대역은 먼 거리를 전달할 수 있지만 적은 정보를 전달해.

#낮은 주파수는 멀리 가고 #높은 주파수는 멀리 못 가

## TV를 볼 수 있게 해 준 헤르츠의 발견

독일의 물리학자 하인리히 헤르츠는 전자기학을 공부했어. 당시에 독일과 영국은 전자기에 대해 서로 다른 주장을 하고 있었어.
"우리 독일은 전하와 전류가 실제로 존재하는 것이라고 생각합니다."
"우리 영국은 전하와 전류는 만들어진 현상이라고 생각합니다."
헤르츠는 독일의 주장이 사실이라는 것을 밝혀내기 위해 오랫동안 실험을 했어. 그리고 마침내 전자기파가 움직이는 것을 실험으로 증명하게 되었지. 이 전자기파로 무선 통신이 가능해지면서 라디오, 텔레비전 방송, 휴대 전화 등을 사용할 수 있게 된 거야. 사람들은 헤르츠의 연구 업적을 기리기 위해 주파수 단위를 헤르츠(Hz)라고 정했단다.

운동과 에너지 > 6-2 1. 전기의 이용

### keyword 87 무선 충전기

패드 위에 스마트폰을 올려 놓기만 하면 충전이 되는 무선 충전기가 많은 사람들의 관심을 끌고 있다.

 무선 충전기가 뭐예요?

스마트폰 등 전자 기기의 배터리를 충전하기 위해서는 전원을 연결해야 해. 무선 충전기는 선을 연결하여 전원을 꽂지 않아도 충전이 되는 충전기를 말해.

어떻게 선 없이 충전이 될 수 있나요?

전기와 자기의 힘을 이용하는 거야. 둥글게 말아 놓은 코일에 강한 전류를 흘려 보내면 코일 주변에 자기장이 생겨. 이렇게 생긴 자기장에 다른 코일을 가까이 대면 그 코일 쪽으로 자석의 힘이 전달돼. 이것을 다시 전류로 바꿔서 충전하는 거야.

 #무선 충전기는 됐고 #스마트폰 좀 사 주세요

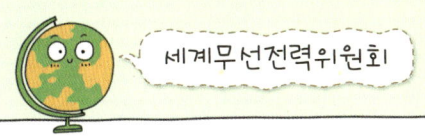
세계무선전력위원회

# 선 없이 휴대폰 충전하세요

"이 충전기는 내 휴대폰이랑 안 맞아서 쓸 수가 없겠는데……."
친구에게 휴대폰 충전기를 빌리려다가 난감했던 적이 있니? 이제는 그런 걱정을 할 필요가 없어. 무선 충전기가 나왔거든.
무선 충전 방식은 몇 가지가 있어. 어떤 방식은 효율성은 높지만 전력 전송 거리가 아주 짧아서 완벽한 무선이라고 하기 어려워. 어떤 방식은 1~2미터 거리에서도 충전이 되지만 전자파가 주변에 영향을 끼칠 수 있지. 세계무선전력위원회는 이와 같은 무선 충전 방식에 대한 기술을 공유하고 표준화하는 곳이야. 전 세계 많은 기업들이 세계무선전력위원회에 가입해 있단다.

운동과 에너지 > 6-2 1. 전기의 이용

keyword 88

# 전신기

발명

현대 통신의 발달은 모스의 전신기 발명에서 시작되었다. 모스는 통신 네트워크의 선두자로 평가받는다.

 전신기가 뭐예요?

전신기는 전기 신호로 정보를 주고받는 통신 기계야. 철심에 코일을 감은 전자석을 사용하지. 송신부에서 신호를 보내면 수신부의 전자석이 움직여 길거나 짧은 소리가 나게 돼. 이 소리의 길이로 알파벳을 표시한 것이 모스 부호야.

전자석은 자석과 다른 건가요?

전자석은 전류가 흐를 때만 자석이 돼. 또 전기의 흐름으로 N극과 S극을 바꿀 수 있고 자석의 세기도 조절할 수 있어.

 #전기가 흐를 때만 힘이 생기는 전자석 #변신해야 힘이 생기는 헐크 같네

## 화가가 만든 통신 기계

전신기를 발명한 새뮤얼 모스는 원래 화가였어. 뉴욕 대학에서 미술 교수를 지내기도 했지. 이탈리아에 갔다 돌아오던 배 안에서 모스는 미국의 전기학자 찰스 잭슨의 강연을 듣고 전자석에 흥미를 갖게 되었어. 스스로 전자석을 만들기로 결심한 모스는 대학 동료인 레오나드 게일에게서 전자기학에 대해 배웠어. 또 기술자인 알프레드 베일의 도움을 받아 전자석으로 통신할 수 있는 전신기를 만들었지. 모스가 발명한 것이 하나 더 있는데 바로 모스 부호야. 모스 부호는 짧고 긴 전기 신호를 이용해 알파벳을 표현해서 통신하는 기호야. 모스는 모스 부호로 다음과 같이 최초의 전보를 보냈어.
"신은 무엇을 만드셨죠?"

운동과 에너지 〉 6-2 1. 전기의 이용

keyword **89**

# 리모컨

발명

리모컨으로 TV를 조정하기 위해서는 TV가 있는 쪽으로 리모컨을 향하고 버튼을 눌러야 한다.

리모컨은 어떻게 TV를 조정하나요?

리모컨에는 전자기파를 내보내는 장치가 있고, TV에는 이를 받아들이는 장치가 있어. 리모컨의 버튼마다 고유의 전자기파를 내보내게 하여 원하는 채널을 틀거나 소리를 조정하는 거야.

리모컨은 어떻게 고유의 전자기파를 내보내나요?

악기마다 소리의 종류가 다르듯이 전자기파도 우리 눈에는 보이지 않지만 각기 다른 전자기파가 있어. 리모컨은 이렇게 서로 다른 전자기파를 이용하는 거야.

#리모컨은 TV를 조정 #엄마는 나를 조종

유진 폴리

# 카우치 포테이토의 아버지가 된 발명가

카우치 포테이토란 푹신한 소파에 앉아 감자 칩을 먹으며 텔레비전만 보는 사람을 뜻하는 말이야. 리모컨이 발명되어 사람들이 소파에서 움직이지 않고 텔레비전을 볼 수 있게 되면서 나온 말이지.

"채널을 돌리러 가는 게 너무 귀찮아. 뭐, 좋은 방법이 없을까?"

미국의 제니스 라디오 회사의 엔지니어 유진 폴리는 빛에 의해 텔레비전을 켜고 채널을 바꿀 수 있는 리모컨을 발명했어. 게으른 사람들이나 사용할 것이라고 생각했던 리모컨은 대성공을 거두었지. 세계 최초로 무선 리모컨을 만든 유진 폴리는 1997년 동료와 함께 에미상을 수상했어.

운동과 에너지 > 6-2 1. 전기의 이용

keyword **90**

## 점화 플러그

발명

자동차에 시동이 걸리지 않아 서비스 센터에서 점화 플러그를 교체하였다.

점화 플러그가 뭐예요?

점화 플러그는 전기를 이용해 순간적으로 불꽃을 만드는 기계야. 자동차의 시동을 걸 때 점화 플러그가 필요해.

자동차에 왜 점화 플러그가 필요해요?

자동차가 움직일 때 필요한 에너지는 엔진 안에서 연료와 공기의 혼합물을 폭발시켜서 만들어. 이러한 폭발이 일어나도록 불꽃을 만들어 주는 장치가 점화 플러그야. 자동차의 엔진을 작동시키는 장치인 셈이지.

#자동차 시동 거는 점화 플러그 #우리 차에도 있겠지?

190

고틀로프 호놀드

## 모든 자동차에 꼭 필요한 장치

고틀로프 호놀드의 아버지는 독일의 자동차 부품 회사인 보쉬의 설립자와 친구였어. 이런 인연으로 호놀드는 보쉬에서 일을 하게 되었지. 당시에 자동차에 사용되던 점화 플러그들은 성능이 좋지 않거나 매우 위험해서 때때로 자동차 엔진에 불이 붙곤 했어.

"좀 더 안전한 새로운 점화 장치가 필요해."

"제가 한번 만들어 보겠습니다."

호놀드는 엔진이 움직일 때 전기의 힘으로 불꽃을 일으키는 점화 플러그를 발명했어. 점화 플러그는 안전할 뿐만 아니라 자동차를 더 빨리 달릴 수 있게 해 주었어. 그 뒤로 모든 자동차에 꼭 필요한 장치가 되었지.

운동과 에너지 > 6-2 1. 전기의 이용

### keyword 91 반도체 기억 장치

> 반도체 기억 장치는 컴퓨터의 프로그램이나 데이터를 저장하는 데 널리 쓰인다.

 **반도체 기억 장치가 뭐예요?**

반도체 기억 장치는 전원이 공급되지 않더라도 계속해서 정보를 저장할 수 있는 장치를 말해. 정전이 일어나거나 실수로 전원을 끄더라도 컴퓨터를 켜면 다시 작동시킬 수 있어.

**반도체는 뭐예요?**

열이나 전기를 잘 전달하는 물질을 도체, 잘 전달하지 않는 물질을 부도체라고 해. 반도체는 도체와 부도체의 중간에 속하는 물질이야. 낮은 온도에서는 전기가 거의 통하지 않지만 높은 온도에서는 전기가 잘 통하지.

 #전기가 통했다 안 통했다 #변덕스러운 반도체

## 갑자기 꺼져도 괜찮아

"램은 갑자기 꺼지면 저장하지 않은 정보를 다 잃어버리네."
미국의 벨 연구소에서 일하던 한국인 물리학자 강대원 박사는 램(RAM)이라고 하는 컴퓨터 메모리의 문제점을 파고들기 시작했어. 그리고 1967년 동료 사이먼 지와 함께 갑자기 전원이 꺼져도 정보를 기억하는 반도체 기억 장치를 개발했지. 이 기억 장치 덕분에 우리가 스마트폰이나 디지털카메라 등에 음악이나 사진 같은 데이터를 저장하고 삭제할 수 있는 거야. 강대원 박사는 이외에도 다양한 발명을 해서 미국 특허청의 '발명가 명예의 전당' 회원으로 등록되었단다.

지구와 우주 〉 6-2 2. 계절의 변화

keyword 92

## 한옥의 처마

발명

한옥의 처마에는 태양의 고도를 고려한 과학적인 원리가 숨어 있다.

처마가 태양의 고도를 어떻게 고려했나요?

태양의 고도는 계절에 따라 변해. 한옥의 처마는 끝이 살짝 올라가 있어서 태양의 고도가 높은 여름에는 햇빛이 조금 들어오고 고도가 낮은 겨울에는 햇빛이 많이 들어온단다.

태양의 고도는 왜 변하나요?

태양의 고도는 태양이 지표면과 이루는 각이야. 계절에 따라 태양 고도가 변하는 것은 지구가 비스듬하게 기울어진 채로 공전하기 때문이야. 지구의 자전축은 23.5도 기울어져 있어. 그래서 계절에 따라 태양빛을 받는 각도가 달라지게 돼.

 #멋스럽게 짓느라 #처마 끝을 올린 게 아니었네

194

우리의 조상님

## 여름엔 시원하게, 겨울엔 따뜻하게

한옥은 자연 친화적으로 만든 과학적인 건축물이야. 흙이나 나무처럼 주위에서 구하기 쉬운 자연 재료로 지었지. 또, 더운 여름을 위해 시원한 대청을 만들고 추운 겨울을 지내기 위해 따뜻한 온돌을 만들었단다.

무엇보다 처마에는 놀라운 과학적 원리가 숨어 있어. 처마는 비와 눈이 들이치지 않도록 폭을 넓게 만들었어. 게다가 끝으로 갈수록 살짝 들리는 모양을 하고 있지. 처마 모양은 사실 태양의 고도를 생각해서 설계한 거야. 처마 덕분에 여름에는 해가 짧게 들어와 시원하고 겨울에는 해가 길게 들어와 따뜻하단다. 해가 짧은 겨울에도 아침 햇살이 집 안으로 들어와 6시간이나 머물지.

지구와 우주 > 6-2 2. 계절의 변화

keyword
**93**

## 에어컨

발명

더운 여름 에어컨을 작동시키면 마치 계절이 변한 것처럼 시원하게 느껴진다.

에어컨은 어떻게 주위를 시원하게 하나요?

에어컨은 주위의 공기를 모아서 액체로 만들어. 이때 생긴 열은 실외기를 통해서 밖으로 보내고 다시 액체를 증발시키지. 액체가 증발할 때는 주위가 시원해지는데, 이렇게 시원해진 공기를 내보내서 사람들을 시원하게 해 준단다.

액체가 증발할 때 주위가 왜 시원해져요?

액체가 증발할 때는 주위의 열을 흡수해. 이것을 기화열이라고 해. 몸에 묻은 물이나 땀이 식을 때 시원해지는 것도 기화열 때문이야.

#선풍기론 부족해 #여름엔 에어컨이 필수

## 덥고 습한 공기를 시원하게

무더운 여름철, 미국 뉴욕의 인쇄 공장에서는 날씨 때문에 어려움을 겪고 있었어. 너무 덥고 습해서 인쇄가 잘되지 않았거든.
"공장 안의 습기를 없애고 시원하게 하면 인쇄가 잘될 것 같은데······."
당시 윌리엄 캐리어가 다니던 회사에 인쇄소의 의뢰가 들어왔어. 캐리어는 냉각제로 공기를 냉각시키며 습도를 제거하는 에어컨을 발명했지. 에어컨이 유명해지자 캐리어는 직접 회사를 만들었어. 그 뒤에 호텔이나 병원, 심지어 대통령이 살고 있는 백악관에까지 에어컨을 설치하게 되었단다.

물질 > 6-2 3. 연소와 소화

keyword 94

# 다이너마이트

발명

다이너마이트는 무기로 사용되지만, 원래 광산에 구멍을 뚫거나 공사 현장에서 장애물을 제거하기 위한 것이었다.

 다이너마이트가 뭐예요?

다이너마이트는 나이트로글리세린이라는 강력한 탈 물질을 규조토에 흡수시킨 후 뇌관을 이용해 폭발시키는 폭탄이야.

뇌관은 뭐예요?

화약이 터지도록 하는 장치야. 물질이 타기 위해서는 높은 온도와 탈 물질, 산소가 필요해. 뇌관은 작은 충격에도 불이 붙는 물질로 만들어서 높은 온도가 아니라도 불이 붙어 화약을 터지게 한단다.

 #이름부터 센 다이너마이트 #엄청 강한 폭탄

 알프레드 노벨

## 유용한 발명품이 전쟁 무기가 되다니

스웨덴의 알프레드 노벨은 당시 건설 현장이나 광산에서 많이 쓰이던 액체 폭탄 나이트로글리세린을 좀 더 안전하게 다룰 방법을 연구하고 있었어. 액체 상태인 폭탄은 다루기도 어렵고 사고도 많이 났거든. 그러다 나이트로글리세린을 규조토에 흡수시켜 말리면 다루기가 쉽고 안전하다는 사실을 발견했지. 그렇게 만들어진 다이너마이트는 각종 공사장에서 유용하게 쓰이며 날개 돋친 듯이 팔렸어.

그런데 다이너마이트의 무시무시한 폭발력은 곧 전쟁 무기로 활용되었어. 노벨은 자기 발명품이 사람들의 생명을 빼앗는 데 쓰이는 걸 슬퍼했어. 그래서 자신이 벌어들인 큰돈을 기부하여 '노벨상'을 만들었단다.

keyword 95 흑연 연필

물질 > 6-2 3. 연소와 소화

연필로 글씨를 쓸 수 있는 이유는 연필심에 있던 흑연이 종이에 작은 입자로 남아 있기 때문이다.

흑연이 뭐예요?

흑연은 탄소로만 이루어진 검은색의 부드러운 광물이야. 흑연과 진흙을 섞어 높은 온도에 구워서 연필심을 만들지. 석탄이나 다이아몬드도 탄소로 이루어져 있어.

흑연과 다이아몬드가 탄소라고요?

그래. '7. 질량 보존의 법칙'에서 라부아지에가 실험을 통해 다이아몬드가 탄소로 이루어졌다는 것을 알아냈다고 했지? 흑연과 다이아몬드는 겉보기에도 다르고 성질도 다르지만 성분은 똑같이 탄소야. 다만 탄소 원자들의 배열이 전혀 달라. 또 다이아몬드는 높은 온도와 압력으로 탄소가 응축되어서 만들어졌어.

#흑연도 되고 다이아몬드도 되고 #탄소의 놀라운 변신술

 니콜라 자크 콩테

## 부드럽지만 단단한 연필

"에잇! 또 부러졌잖아. 조금만 힘을 주면 부러지네."
프랑스의 화학자이자 화가인 니콜라 자크 콩테는 그림을 그리는 데 쓰는 숯이 잘 부러지는 것이 불만이었어. 그래서 직접 필기구를 만들기로 했지. 당시에도 흑연을 나무로 감싼 연필이 사용되고 있었어. 그런데 강도가 일정하지 않아서 글씨 쓰기가 불편했지.
콩테는 흙을 구워 만든 도자기 그릇을 보고 아이디어를 얻었어. 흑연을 진흙과 섞어 구운 연필은 부드럽게 잘 써지면서도 단단했어. 지금 우리가 쓰는 연필도 콩테의 방법으로 만든단다.

물질 > 6-2 3. 연소와 소화

### keyword 96 휴대용 소화기  발명

음식점마다 소화기를 구비해 두고 만일의 화재에 대비하고 있다.

 **1 소화기는 어떻게 불을 끄나요?**

물질이 산소와 화합해서 불이 나는 것을 연소라고 하고, 불이 꺼지는 것을 소화라고 해. 불은 산소가 없으면 꺼지게 되어 있어. 그래서 소화기는 거품이나 분말을 뿜어 내서 공기를 차단하는 방식으로 불을 끄지.

**2 소화기가 없을 땐 어떻게 불을 끄나요?**

불이 아직 크게 번지지 않았다면 커다란 이불을 덮어서 산소를 차단해 불을 끌 수 있어. 하지만 이불에 불이 붙을 수도 있으니 조심해야 돼.

 #소화기 안에 든 게 #물이 아니었구나

## 소화기, 들고 다니면서 불 끄세요

영국의 발명가 조지 맨비는 어느 날 화재 장면을 목격했어.
"불이야! 어서 불을 꺼!"
"너무 높아서 불을 끄기 어렵습니다!"
맨비는 소방수가 꼭대기 층의 불을 끄지 못하는 것을 보고 무척 안타까웠어. 들고 다닐 수 있는 소화기가 있다면 어떤 곳이라도 불을 끌 수 있을 텐데. 그래서 발명한 것이 휴대가 가능한 소화기야. 소화기 안에 압축 공기를 넣어 윗부분을 열면 바로 멀리까지 발사되는 소화기였지. 오늘날 다양한 소화기들이 나왔지만 압축 공기를 사용하는 방식은 지금도 쓰이고 있단다.

생명 〉 6-2 4. 우리 몸의 구조와 기능

keyword **97**  **포수 글러브와 마스크**

> 외야수가 던진 공이 포수의 얼굴로 날아왔지만 마스크 덕분에 크게 다치지 않았다.

마스크와 글러브는 어떻게 포수를 보호하나요?

마스크는 강하고 단단한 크롬으로 만들어져서 포수의 얼굴을 보호해. 마치 뼈가 우리 몸을 보호하는 것처럼 말이야. 또, 포수의 글러브는 공의 충격을 흡수해서 손을 보호한단다.

뼈가 우리 몸을 보호하나요?

그래. 우리 몸속 장기들은 부드럽고 물렁하거든. 뼈는 우리 몸을 지탱해 줄 뿐만 아니라 이런 몸속 장기들을 외부 충격으로부터 보호해 줘. 머리뼈는 뇌를 보호해 주지.

 #뼈는 내 몸 지킴이 #뼈는 누가 지켜 줘?

## 포수를 지켜라

미국의 대학 야구팀 포수였던 제임스 티그니는 경기 도중 손목뼈가 부러지는 사고를 당했어. 당시에는 글러브가 튼튼하지 않아서 포수가 다치는 경우가 많았지. 티그니는 공사장에서 두꺼운 장갑을 끼고 일하는 사람들을 보고 아이디어를 얻어서 글러브를 발명했어. 티그니의 글러브는 두꺼운 장갑 안에 납으로 된 판을 넣어 만들었어.

포수용 마스크는 같은 대학 야구팀의 프레드 타이어가 만들었어. 타이어는 자신이 만든 마스크를 직접 쓰고 경기에 나섰단다.

생명 > 6-2 4. 우리 몸의 구조와 기능

keyword 98

## 청진기

발명

심장의 소리를 직접 듣고 이상이 있는지 알 수 있는 청진기가 발명되어 많은 환자들이 치료를 받게 되었다.

청진기가 뭐예요?

청진기는 환자의 심장이나 폐에서 나는 작은 소리를 크게 들을 수 있도록 만든 기구야. 손목에서 맥박을 재는 것보다 환자의 상태를 더 정확히 알 수 있단다.

맥박은 뭐가요?

심장이 뛰면 혈액을 밀어내기 때문에 혈관도 약간 부풀어. 손목에는 피가 이동하는 통로인 동맥이 있어서 심장이 뛸 때마다 부풀었다 가라앉는 걸 느낄 수 있어. 이것을 맥박이라고 해.

#심장 소리 듣는 청진기 #마음의 소리 듣는 청진기도 필요해

206

르네 라에네크

# 장난감을 보고 발명한 청진기

청진기가 발명되기 전에 의사들은 환자의 몸에 귀를 대고 진료했어. 프랑스의 내과 의사인 르네 라에네크는 이런 방식이 매우 불편했어. 여성 환자들은 민망해했고, 뚱뚱한 환자들은 소리가 잘 안 들렸거든.

어느 날 산책을 하던 라에네크는 어린아이들이 긴 나무 막대를 서로의 귀에 대고 두드리거나 재잘거리며 노는 모습을 보게 되었어.

'환자의 몸속 소리도 저런 식으로 들을 수 있지 않을까?'

라에네크는 종이를 둥글게 말아서 환자의 가슴에 대고 심장 소리를 들어 보았어. 그랬더니 몸에 귀를 대고 들을 때보다 훨씬 잘 들렸어. 라에네크는 종이 대신 속이 빈 긴 나무관으로 청진기를 만들었어. 라에네크의 청진기는 귀에 대는 부분이 하나였단다.

생명 > 6-2 4. 우리 몸의 구조와 기능

keyword 99

# ABO식 혈액형

ABO식 혈액형 검사를 통하여 내가 A형이라는 것을 알게 되었다.

ABO식 혈액형이 뭐예요?

사람의 혈액을 네 가지 유형으로 분류한 거야. A형, B형, O형, AB형으로 나누지. 그래서 수혈은 서로 같은 혈액형끼리만 할 수 있어.

왜 같은 혈액형끼리만 수혈할 수 있나요?

만약 혈액형이 다른 혈액을 수혈받으면 피가 굳어서 죽을 수도 있어. 혈액 안에 있는 항원과 항체라는 물질이 서로 결합해서 굳기 때문이야. 혈액형이 같은 경우에는 항원과 항체가 결합하지 못해.

 #엄마, 아빠, 언니 모두 A형 #나만 왜 O형이야?

208

란트슈타이너

## 같은 혈액형끼리 수혈하면 안전해요

오스트리아의 생물학자 카를 란트슈타이너는 뉴욕 의학 연구소에서 일했어. 당시에 의사들은 안전하게 수혈하는 방법을 연구 중이었어. 처음에는 동물의 피를 사람에게 수혈하려고 시도했어. 실제로 양의 피를 수혈하는 데 성공한 적도 있었어. 하지만 곧 사람들끼리 수혈할 수 있는 방법을 찾고자 했지.

"혈액에는 A형, B형, O형, AB형이 있습니다. 같은 혈액형끼리 수혈하면 안전합니다."

란트슈타이너는 오랜 연구 끝에 이렇게 발표했어. 그의 혈액형 연구는 많은 사람들의 생명을 구했고, 란트슈타이너는 1930년에 노벨 생리·의학상을 받았단다.

생명 〉 6-2 4. 우리 몸의 구조와 기능

### keyword 100 유아용 파우더   [발명]

아기를 깨끗이 목욕시킨 후 유아용 파우더를 발라 주면 땀띠를 예방할 수 있다.

**1. 유아용 파우더가 뭐예요?**

유아용 파우더는 아기 피부의 땀띠를 예방하기 위해 바르는 가루야. 옥수수 전분이나 쌀 전분으로 만들어서 아주 부드러워.

**2. 이런 가루를 피부에 바르면 땀구멍을 막지 않나요?**

유아용 파우더는 땀이나 습한 물질을 흡수해 주는 역할을 해. 너무 많이 바르거나 땀이 많이 나서 뭉치면 땀구멍을 막을 수도 있지. 그러니까 적절히 사용하고 피부를 깨끗이 씻은 뒤에 발라야 해.

#내 어릴 때 사진에 하얀 목덜미 #유아용 파우더였어

## 고객의 이야기에 귀를 기울이다

독일의 게르하르트 메넨은 작은 마을에서 약국을 운영하던 약사였어. 그는 주변 사람들의 이야기를 늘 귀담아들었어.
"우리 아이가 파우더를 발라도 늘 아프다고 울어요."
메넨은 어린아이에게 맞는 부드러운 파우더를 만들어야겠다고 생각했어. 그리고 수천 번의 실험 끝에 어린아이들을 위한 파우더를 만드는 데 성공했지. 좋은 향기가 나도록 장미 기름도 섞었어. 메넨의 파우더는 엄마들에게 큰 호응을 얻어서 엄청나게 팔려 나갔단다.

생명 > 6-2 4. 우리 몸의 구조와 기능

## keyword 101   3D 애니메이션   발명

국내에서 제작된 3D 애니메이션이 개봉되어 어린이들 사이에 큰 인기를 끌고 있다.

**3D 애니메이션이 뭐예요?**

컴퓨터를 이용해 입체적으로 그림을 그려서 실제처럼 보이게 만든 애니메이션이야. 3D는 3차원(Three Dimensions)의 약자야. 애니메이션은 실제로는 여러 장의 그림을 빠르게 보여 주는 것인데, 우리 눈은 그림이 진짜로 움직이는 거라고 착각하게 되지.

**우리 눈이 어떻게 착각을 하나요?**

우리 눈은 사물을 보고 나면 짧은 순간 잔상이 남아. 잔상이 미처 없어지기 전에 미세하게 달라진 그림을 다시 보는 식으로 1초에 수십 장의 그림을 보면 그림 속 사물이 움직이는 것처럼 느끼는 거야.

#애니메이션이 눈의 착각이라니 #눈도 깜빡 속는구나

픽사

# 컴퓨터로 만든 애니메이션

영화를 보여 주는 영사기와 텔레비전의 발명으로 애니메이션은 전 세계적으로 사랑받는 장르가 되었어. 애니메이션은 그림을 그려서 만드는데, 실제로 사람의 움직임을 촬영한 다음 그것을 따라 그려서 움직임을 더 자연스럽게 하기도 했어. 그런데 모두가 그림을 그리고 있을 때 미국의 애니메이션 회사 픽사는 애니메이션에 신기술을 적용했어.

"컴퓨터를 이용해 3차원으로 그림을 그린다면 기존의 2차원 애니메이션보다 더 실제 같은 느낌을 주지 않을까?"

픽사는 1995년 오직 컴퓨터로만 그림을 그린 애니메이션 〈토이 스토리〉를 제작해서 큰 성공을 거두었어. 그 뒤에도 많은 3D 애니메이션을 제작해 어린이들의 사랑을 받았단다.

부록

# 발명·발견 키워드 찾아보기

## ㄱ

가습기 … 72
가황 고무 … 166
각설탕 포장지 … 110
고무 타이어 … 160
고어텍스 … 16
공룡 … 42
광섬유 … 172
광양자설 … 76
금속 활자 … 26
김치 … 114

## ㄴ

나일론 … 14
날개 없는 선풍기 … 154
내비게이션 … 144
냉동 식품 … 94

## ㄷ

다리미 … 70
다이너마이트 … 198
디지털카메라 … 78

## ㄹ

라듐 … 18
레고 … 40
레이더 … 130
레인코트 … 86
리모컨 … 188
리커트 척도 … 30
리히터 규모 … 82
린네의 분류법 … 118

## ㅁ

망원경 … 100
무선 충전기 … 184

## ㅂ

반도체 기억 장치 … 192
방사능 연대 측정법 … 44
방수 옷 … 60
방적기 … 138
보온병 … 90
복제 양 … 20
블랙박스 … 142
비행기 … 22

## ㅅ

생활 기상 지수 … 128
석굴암 … 84
세탁기 … 112
셀로판테이프 … 50
손 소독제 … 108
손전등 … 74
스마트폰 … 88

## ㅇ

아폴로 계획 … 28
알루미늄박 … 92
에스컬레이터 … 146
에어백 … 148
에어컨 … 196
예방 접종 … 120
온도계 … 96
유아용 파우더 … 210
인공 눈 … 66
인공위성 … 102
일기 예보 … 126

## ㅈ

자오선 … 158
전구 … 176
전기 회로 장난감 … 178
전신기 … 186
전신 수영복 … 34
전자 온도계 … 98
점화 플러그 … 190
정수 시설 … 64
제산제 … 150
조립 라인 생산 방식 … 32
종이 상자 … 134
주전자 뚜껑 구멍 … 38

주파수 … 182
증기 기관 … 140
지구의 … 156
지진계 … 80
질량 보존의 법칙 … 24
찍찍이 테이프 … 58

## ㅊ

청진기 … 206
초코칩 쿠키 … 54
측우기 … 132
침팬지 연구 … 12

## ㅋ

캔 … 122
콘택트렌즈 … 170
콜라 … 162
크레용 … 52

## ㅌ

토마토케첩 … 152
트랜지스터 … 180
티백 … 106
티슈 … 164

## ㅍ

파종기 … 46
페트병 … 62
포수 글러브와 마스크 … 204
포스트잇 … 36
푸른곰팡이 … 116
플라스틱 셔틀콕 … 136
피뢰침 … 124

## ㅎ

하이브리드 옥수수 … 56
한옥의 처마 … 194
합성염료 … 104
핸드 드라이어 … 68
현미경 … 168
훅의 법칙 … 48
휴대용 소화기 … 202
흑연 연필 … 200

## 기타

3D 애니메이션 … 212
ABO식 혈액형 … 208
X선 … 174

끝

키쉬드 톡톡 시리즈 4
# 발명·발견 꼬리잡기 101

1판 1쇄 발행일 2019년 11월 29일  1판 3쇄 발행일 2021년 10월 22일
글 한태현  그림 송영훈  펴낸곳 (주)도서출판 북멘토  펴낸이 김태완
편집주간 이은아  편집 김정숙, 조정우  디자인 유경희, 안상준  마케팅 최창호, 민지원
출판등록 제6-800호(2006. 6. 13.)
주소 03990 서울시 마포구 월드컵북로6길 69(연남동 567-11) IK빌딩 3층
전화 02-332-4885  팩스 02-6021-4885
bookmentorbooks__  bookmentorbooks  bookmentorbooks@hanmail.net

ⓒ 한태현 2019

※ 잘못된 책은 바꾸어 드립니다.
※ 이 책은 저작권법에 따라 보호를 받는 저작물이므로 무단 전재와 무단 복제를 금합니다.
※ 이 책의 전부 또는 일부를 쓰려면 반드시 저작권자와 출판사의 허락을 받아야 합니다.
※ 책값은 뒤표지에 있습니다.

ISBN 978-89-6319-339-7  73500

이 도서의 국립중앙도서관 출판예정도서목록(CIP)은 서지정보유통지원시스템 홈페이지
(http://seoji.nl.go.kr)와 국가자료종합목록 구축시스템(http://www.nl.go.kr/kolisnet)에서
이용하실 수 있습니다. (CIP제어번호 : CIP2019046843)

인증 유형 공급자 적합성 확인  제조국명 대한민국  사용연령 8세 이상
KC마크는 이 제품이 공통안전기준에 적합하였음을 의미합니다.
종이에 베이거나 책 모서리에 다치지 않도록 주의하세요.